BITCOIN

OURO DIGITAL

Wesley Costa

BITCOIN

OURO DIGITAL

WESLEY COSTA

BITCOIN

OURO DIGITAL

por Wesley Costa

Esta é uma obra de ficção. Salvo indicação em contrário, todos os nomes, personagens, negócios, lugares, eventos e incidentes deste livro são ou produto da imaginação do autor ou utilizados de forma fictícia. Qualquer semelhança com pessoas reais, vivas ou mortas, ou eventos reais, é puramente coincidência.

Copyright © 2022 por Wesley Costa
Todos os direitos reservados. Nenhuma parte desta publicação pode ser reproduzida, distribuída ou transmitida de qualquer forma ou por qualquer meio, incluindo fotocópia, gravação ou outros métodos eletrônicos ou mecânicos, sem a permissão prévia por escrito do autor, exceto no caso de citações breves incorporadas em revisões críticas e certos outros usos não comerciais permitidos por direitos autorais.

Sobre o Autor

Wesley Costa, nasceu em março de 1972, nome de nascimento Luiz *Wesley* da Cruz *Costa*, adotou o nome Wesley Costa quando iniciou sua carreira em 1988, atuando como Instrutor de Informática, em pouco tempo passou a coordenador de equipe, e depois a Gerente de CPD.

Algum tempo depois, quando finalmente enfrentou um grupo real de profissionais totalmente afundados em desânimos e cheios de problemas para serem resolvidos, deu-se conta de que tinha encontrado a sua vocação, e passou a atuar como Líder de equipe e Consultor de Soluções onde influenciava diretamente grandes clientes.

Wesley também foi diretor de TI durante o período de 1997 a 2000 na Digital Tecnologia

Modernizou o Departamento de Tecnologia de diversas empresas, em seguimentos de mercados dos mais variados.

Gerenciou o Departamento de Operações da Net Service (RJNET), atuando na reestruturação do Departamento. Criador do algoritmo que deu origem ao teste de velocidade mais famoso do Brasil, o teste de velocidade da RJNET.

Gerenciamento do Departamento de TI da Empresa Israelense Gilat to Home e Gilat Brasil por 2 anos.

Com perfil empreendedor, administrativo, técnico e de liderança, nos últimos anos participou ativamente da criação e fundação de unidades de negócios e empresas "startups", como a World Zone Tecnologia e a área de Tecnologia da XSOL Soluções Tecnológicas, importante participação desde o plano de negócios, pré-venda, preparação/apresentação da proposta, desenvolvimento, implementação, operação e pós-venda de projetos para os mais diversos segmentos do mercado.

Wesley é um profissional com mais de duas décadas em participação e atuação na área de Tecnologia da Informação, ampla experiência em dirigir, gerir equipes e sistemas na área de Tecnologia da Informação e Administração Geral, promovendo maior agilidade, racionalidade, produtividade, qualidade, redução de custos e aumento de resultados, sendo essa a sua marca registrada.

Extremamente experiente na gestão de projetos de grande complexidade, foi membro da equipe de gestão do Projeto GESAC, além de ter participado em diversos outros projetos onde o desenvolvimento ágil de Sistemas, Implantação de Pacotes Corporativos (ERP/CRM/SCM/BI), Revisão de Arquitetura Tecnológica, Gestão de Infraestrutura, Help Desk Corporativo, Gestão de Data Center, Cloud pública/privada, Gestão de Contratos e SLAs trouxeram resultados positivos para os negócios.
Líder responsável pela implantação e treinamento da equipe de pequeno varejo da Chocolates Garoto S/A, na implantação do Sistema SAP R3.

Nos últimos 20 anos participa do processo de transformação digital e inovação do mercado Brasileiro, principalmente no Rio de Janeiro e São Paulo, atuando como CIO na área de Gestão de Tecnologia, Arquitetura, Integração, Devops, Plataformas Cloud, Sistemas Corporativos (ERP/CRM/SCM), Infraestrutura e Serviços de Tecnologia. Membro do comitê de tecnologia da PortuZONE em Braga Portugal, Fundador e Presidente das Empresas WCS Technology Inc. e da DisaTEC Cloud Tecnologia Ltda, Colunista dos Portais de Tecnologia Profissionais TI e TI Livre e com diversos artigos publicados no LinkedIn.

Wesley vive em Lisboa.

ÍNDICE

PREFÁCIO..14

CAPÍTULO 1 BLOCKCHAIN NÃO É BITCOIN 18

CAPÍTULO 2 O QUE É BITCOIN..21

CAPÍTULO 3 FINANÇAS E O GATILHO...36

CAPÍTULO 4 BITCOIN – QUAIS PROBLEMAS ELE RESOLVE? 61

CAPÍTULO 5 REMOVENDO O MIDDLEMAN..70

CAPÍTULO 6 PROTEGENDO AS NOSSAS MOEDAS 106

CAPÍTULO 7 CONTAS SEM IDENTIDADE 116

CAPÍTULO 8 O SOFTWARE DO CLIENTE BITCOIN......................128

CAPÍTULO 9 PASSADO, PRESENTE E FUTURO 134

CAPÍTULO 10 O QUE VEM A SEGUIR? 151

CAPÍTULO 11 EXTRAS? 154

Dedicatória.

A verdadeira motivação vem da realização, ou seja, do seu próprio desenvolvimento pessoal e profissional, gerando satisfação no trabalho e reconhecimento na vida.

Dedico este livro a todos que assim como eu que não têm medo de viver, enfrentam diariamente seus demônios internos e que assim de tudo morrem de medo de não viver.

Céu sem tempestades não existem, assim como não existem estradas sem surpresas.

Somente aqueles que experimentam o fracasso e os superam merecem estar no pódio.

Porque só quem já foi regado com lágrimas é digno de sabedoria.

Seja um sonhador, mas tenha em mente que é preciso combinar os seus sonhos com disciplina, porque sonhos indisciplinados produzem pessoas deprimidas e sem realizações.

Por isso seja um pensador. Lute pelo que você ama. Seja feliz.

PREFÁCIO

*"o futuro pertence àqueles
que acreditam na beleza de seus sonhos."*
Wesley Costa

Este livro é um excelente guia para iniciantes para entender a tecnologia chamada **Blockchain**. O conteúdo evita detalhes técnicos para fornecer uma melhor compreensão para aqueles que são novos nesta tecnologia. Existem certos termos que algum conhecimento técnico em Tecnologia da Informação ajudaria.

Meu objetivo com este livro não é analisar a economia do Bitcoin ou convencê-lo de que o Bitcoin é o novo ouro digital.

Não vou olhar para o Bitcoin do ponto de vista de investimento, ou tentar convencê-lo de que todos deveriam possuir um pouco. Não vamos olhar para gráficos ou históricos de preços, apesar de que em alguns momentos eu possa vir a fazer referência sobre os mesmos.

Finalmente, não vamos nos aprofundar em como o protocolo funciona em um nível profundo e não vamos examinar nenhum código de computador.

Meu objetivo é simplesmente agradar seu cérebro e dar a você um gostinho da ciência da computação e da teoria dos jogos econômicos que fazem do Bitcoin uma das invenções mais interessantes e profundas de nosso tempo.

A maioria das pessoas, ao ouvir pela primeira vez sobre o Bitcoin, realmente não o entende. É dinheiro mágico da Internet? De onde isso vem? Quem o controla? Por que isso é importante?

Para mim, compreender todas as coisas que se juntam para fazer funcionar o Bitcoin - física, matemática, criptografia, teoria dos jogos, economia e ciência da computação - foi um momento muito profundo. Neste livro, espero compartilhar esse conhecimento com você de uma forma muito simples e fácil de entender.

A forma como o faremos é um passo de cada vez. Com nada além de uma base de matemática de nível médio, iremos percorrer a invenção do bitcoin, passo a passo.

Espero que este livro lhe dê uma amostra apenas o suficiente para mandá-lo para o buraco do coelho do Bitcoin. Assim como Alice nos país das maravilhas... Vamos começar!

ISENÇÃO DE RESPONSABILIDADE

Este livro foi produzido com o objetivo de fornecer informações tão precisas e tão confiável quanto possível. Independentemente disso, a compra deste livro pode ser vista como um consentimento ao fato de que o autor deste livro não é de forma alguma especialista nos tópicos discutidos e que quaisquer recomendações ou as sugestões feitas aqui são apenas para fins de entretenimento.

Os profissionais devem ser consultados conforme necessário antes de realizar qualquer ação aqui endossado.

Sob nenhuma circunstância qualquer responsabilidade legal ou culpa será realizada contra o autor por qualquer reparação, dano ou perda monetária devido às informações aqui contidas, direta ou indiretamente.

As informações nas páginas a seguir são amplamente consideradas verdadeiras e relato preciso dos fatos e, como tal, qualquer desatenção, uso ou uso indevido das informações em questão pelo leitor irão processar quaisquer ações resultantes apenas sob sua supervisão. Não há cenários em que o autor deste trabalho pode ser de qualquer forma considerado responsável por qualquer dificuldade ou danos que podem ocorrer ao leitor ou a qualquer outra pessoa após a obtenção das informações aqui descrito.

Além disso, as informações nas páginas a seguir destinam-se apenas para fins informativos e, portanto, devem ser considerados universais. Como condizente em sua natureza, é apresentado sem garantia quanto à sua validade prolongada ou qualidade provisória. As marcas registradas mencionadas são feitas sem consentimento por escrito e não pode, de forma alguma, ser considerado um endosso do titular da marca.

CAPÍTULO 1 Blockchain não é bitcoin

"A inovação sempre significa um risco. Qualquer atividade econômica é de alto risco e não inovar é muito mais arriscado do que construir o futuro."
Peter Drucker

Antes de começar a explicar o que é Blockchain, primeiro, gostaria de focar no que é bitcoin, já que existe um mito de que Bitcoin é igual a Blockchain. Acredite, essa afirmação está incorreta. No entanto, muitas vezes é referido como a mesma coisa. Bitcoin é criptomoeda, dinheiro digitalizado, que é permitido e mantido vivo devido à tecnologia chamada Blockchain.

Quando a tecnologia Blockchain começou a existir, o primeiro aplicativo testado nesta plataforma foi o Bitcoin. Simplesmente porque Bitcoin foi o primeiro aplicativo desenvolvido na Tecnologia Blockchain, pode-se dizer que Bitcoin é Blockchain, e isso poderia fazer sentido. No entanto, Blockchain não é Bitcoin. Espero que isso faça sentido para você.

Blockchain é tão complexo que, ainda assim, são poucos os seres humanos que são realmente capazes de entender cada parte dele. Na verdade, Blockchain é tão complicado que nós (humanos) continuamos encontrando mais e mais ideias para que essa tecnologia seja aplicada e resolva mais e mais problemas todos dias.

Podemos dizer que o Blockchain está resolvendo problemas. No entanto, para algumas grandes organizações financeiras, o Blockchain está causando mais problemas ao invés de solucioná-los. Alguns desses assuntos, estão sendo abordados e se você ficar por dentro das notícias, você irá perceber que mais e mais empresas estão começando a usar a tecnologia Blockchain para muitos propósitos.

O Blockchain é verdadeiramente revolucionário, pois não é para resolver apenas um problema para algumas pessoas, mas sim, ter a capacidade de resolver muitos problemas para todos. Digamos que através do Blockchain as instituições financeiras estão em uma verdadeira corrida para se reinventarem, e a prova disso é simplesmente porque o Blockchain está em execução e já existe há quase quatorze anos, começando em 2008.

O blockchain é um banco de dados distribuído globalmente que é completamente descentralizado, o que significa que não tem chefe, ou alguém que possamos culpar ou premiar. Está em execução em todos os computadores que estão executando o blockchain, e é imparável. O Blockchain foi construído a partir de vários blocos que são insubstituíveis. Portanto, seu sistema de cadeia representa a única fonte da verdade. Assim que houver um novo bloco criado e adicionado ao blockchain já existente, ele se replica em seu sistema, que reside na internet, então apenas sincroniza os mesmos detalhes em todos os computadores que estão executando blockchain.

Essa replicação é o que o torna insubstituível. Portanto, oferece total transparência em toda a administração. Porque não há intervenção humana no processo de adição e expansão, quando novos blocos são criados a cada 10 minutos, ele exibe uma eficiência que ninguém jamais alcançou. Porque cada vez que um novo bloco se torna visível em todos os computadores do mundo, permite acessibilidade total a todos os seres humanos.

    Onde o blockchain está agora, quero dizer, em 2022, é mais parecido como quando a internet estava em 1992-1993. O que aconteceu naquela época é que a maioria das pessoas diziam: "é absurdo " ou "qual é o sentido disso?" Naquela época na Internet, haviam apenas alguns computadores pessoais, poucos sites e a rede era absurdamente lenta. Na verdade, era tão lenta que se você quisesse baixar um PDF de uma página documento, você provavelmente sairia para almoçar, voltaria e ainda teria que esperar mais de 30 minutos para que o seu download fosse concluído. A internet (redes interconectadas) parecia uma ideia idiota para a maioria das pessoas, mesmo para aqueles que tinham poder na política ou outros que já possuiam uma grande infraestrutura de varejo existente. Eles acreditaram que era apenas barulho de fundo. Lentamente, a internet cresceu e se tornou maior e mais rápida. E uma vez que o suporte local foi aberto na internet, tudo mudou. Quando você pensa sobre o Blockchain, não presuma que ele não terá o mesmo poder. Atualmente, estamos inovando em grande escala e a tecnologia cresce em alta velocidade que nenhum ser humano pode acompanhá-la. Blockchain vai mudar isso drasticamente.

CAPÍTULO 2 O que é bitcoin

"Inovação é uma escada de conhecimentos do amanhã, construídos a partir de um problema concreto de hoje."
R. F. Ferreira

Bitcoin é um dinheiro eletrônico ponto a ponto, um dinheiro digital que pode ser transferido entre pessoas ou computadores sem nenhum intermediário confiável (como um banco), e cuja emissão não está sob o controle algum como se fosse uma festa qualquer de solteiros.

Pense em um dólar de papel ou em uma moeda de metal físico. Quando você dá esse dinheiro para outra pessoa, essa pessoa não precisa saber quem você é. Elas só precisam confiar que o dinheiro que receberam de você não é uma falsificação. Normalmente as pessoas fazem isso com dinheiro físico, usando apenas os olhos e dedos, e em alguns casos utilizando alguma "ferramenta" de testes.

Conforme mudamos para uma sociedade digital, a maioria dos nossos pagamentos são agora feito digitalmente pela Internet por meio de um serviço intermediário:

- uma empresa de cartão de crédito como a Visa
- um provedor de pagamento digital como PayPal ou Apple Pay
- ou uma plataforma online como o WeChat na China.

A mudança para pagamentos digitais traz consigo a dependência de uma central cujo papel é de aprovar e verificar cada pagamento. Isso ocorre porque a natureza do dinheiro mudou de uma coisa física que você pode olhar, tocar e verificar você mesmo, aos bits digitais que devem ser verificados pela parte que controla sua transferência.

Bitcoin oferece uma alternativa ao dinheiro digital controlado centralmente com um sistema de três componentes básicos. Entraremos nas motivações por trás desse design na próxima seção.

1. Um ativo digital (normalmente bitcoin com b minúsculo) com um suprimento que é limitado, conhecido de antemão e imutável. Isso contrasta fortemente com o dinheiro que a maioria de nós usa até hoje, que são notas emitidas por governos ou bancos centrais cuja oferta se expande a uma taxa imprevisível.

2. Um monte de computadores interconectados (a rede Bitcoin), que qualquer pessoa pode aderir. Esta rede serve para rastrear propriedade de bitcoins e para transferi-los entre os participantes, contornando quaisquer intermediários, como bancos, empresas de pagamento, e entidades governamentais.

3. O software cliente Bitcoin, que é um pedaço de código que qualquer um pode executar em seu computador para se tornar um participante da rede. Este software é de código aberto, o que significa que qualquer um pode ver como funciona, bem como contribuir com novos recursos e correções de bugs e falhas.

2.1 - De onde veio?

Bitcoin foi inventado por uma pessoa ou um grupo conhecido pelo pseudônimo de **Satoshi Nakamoto** por volta de 2008. Ninguém sabe a identidade desta pessoa ou grupo, e até onde sabemos, eles desapareceram e ninguém sabe dele ou deles por anos. Se serve de consolo, estamos no início de 2022 e até hoje não temos quaisquer notícias dele ou deles.

Em 11 de fevereiro de 2009, Satoshi revelou o primeiro protótipo de Bitcoin em um fórum online para cypherpunks. Se você não sabe o que são cypherpunks, vou te explicar: cypherpunks nada mais é do que um grupo informal de pessoas interessadas em criptografia, cujo objetivo é assegurar a conformidade com privacidade usando a proativa da criptografia, enfim resumindo, são pessoas ou um grupo de pessoas que estão preocupados com a privacidade individual.

Extraí as partes relevantes abaixo. Na próxima seção, explicarei algumas dessas declarações e as motivações de Satoshi para a invenção de Bitcoin:

Desenvolvi um novo sistema de e-cash P2P de código aberto chamado Bitcoin. Isso é totalmente descentralizado, sem servidor central ou partes confiáveis, porque tudo é baseado em criptografia em vez de confiança. [...]

A raiz do problema com a moeda convencional é toda a confiança necessária para fazer funcionar. O banco central deve ser confiável para não rebaixar a moeda, mas a história das moedas fiduciárias está cheia de violações dessa confiança.

Os bancos devem ser confiáveis para reter nosso dinheiro e transferi-lo eletronicamente, mas eles o emprestam em ondas de bolhas de crédito com apenas uma fração de reserva.

Temos que confiar neles nossa privacidade, confiar neles para não deixar ladrões de identidade drenar nossas contas. Seus enormes custos indiretos geram micro pagamentos impossíveis.

Uma geração atrás, os sistemas de computador de compartilhamento de tempo multiusuário tinham um problema. Antes da criptografia forte, os usuários dependiam da proteção por senha para proteger seus arquivos [...]

Em seguida, a criptografia forte tornou-se disponível para as massas, e a confiança não era mais necessária. Os dados podiam ser protegidos de uma forma que fosse fisicamente impossível para outros acessarem, não importa o motivo, não importa como boa a desculpa, não importa o quê.

É hora de termos o mesmo pelo dinheiro. Com moeda eletrônica baseada em prova criptográfica, sem a necessidade de confiar *em intermediário terceirizado, o dinheiro pode ser seguro e as transações sem esforços. [...]*

A solução do Bitcoin é usar uma rede ponto a ponto para verificar se há gastos. Em suma, a rede funciona como um carimbo de data / hora com servidores distribuídos, carimbando a primeira transação para gastar uma moeda. Tira vantagem da natureza da informação sendo fácil de espalhar, mas difícil de abafar. Para detalhes sobre como funciona, consulte o artigo de design em http://bitcoin.bitcoin.org/bitcoin.pdf
- SATOSHI NAKAMOTO

Quando o Bitcoin foi lançado, apenas um punhado de pessoas o usava e executava o Blockchain nos computadores (chamados de nós) para alimentar a rede Bitcoin. A maioria das pessoas durante um certo tempo acharam que tudo era uma piada, ou que o sistema revelaria sérios problemas ou falhas de design que o tornariam impraticável.

Com o tempo, mais pessoas se juntaram à rede, usando seus computadores para adicionar segurança à rede e reforçar que o Bitcoin tinha valor e que era seguro trocar outras moedas por ele, ou aceitá-lo por mercadorias e Serviços. Hoje, pouco mais de treze anos depois, já é usado por milhões de pessoas com dezenas para centenas de milhares de nós executando o software Bitcoin gratuito, que é desenvolvido por centenas de voluntários e empresas no mundo todo.

Bitcoin não foi uma invenção feita no vácuo. Em seu artigo, Satoshi citou várias tentativas importantes de implementação de sistemas semelhantes incluindo o *b-money* de *Wei Dai* e o *Hashcash* de *Adam Back*. A invenção do Bitcoin estava sobre os ombros de gigantes, e ainda assim foi profunda em sua simplicidade na criação do primeiro verdadeiramente descentralizado (isto é, não sob o controle de qualquer pessoa) - sistema para emitir e transferir um dinheiro digital.

2.2 - Noções básicas de Bitcoin

É a primeira moeda digital conhecida que funciona com uma tecnologia chamada blockchain. É totalmente descentralizado. Portanto, ninguém tem controle sobre ele. Isto também é conhecido como dinheiro eletrônico ou moeda digital. No entanto, é um sistema de pagamento ponto a ponto. Portanto, é software. Não tem nenhuma presença real, pois está crescendo no disco rígido do seu computador. Na verdade, em cada computador que existe no mundo.

Esta moeda nunca será tocada por ninguém, pois só existe em formato digital.

Em relação ao seu valor, parece flutuar. No entanto, ele se manteve estável por um longo período: além disso, continuamente aumentando. Em 2008, começou a competir com o dólar - quando um bitcoin era igual a 0,05 dólares. No entanto, em junho de 2017, um bitcoin atingiu $ 2.912,00; e em março de 2021 o preço da criptomoeda passou pela primeira vez dos US$ 60 mil dólares, e esse foi seu valor mais alto até o momento. Sobre ao longo dos anos, o bitcoin não só provou que poderia atingir seu nível mais alto continuamente novamente, mas aumentou seu valor mais do que jamais experimentamos com qualquer outra moeda na Mãe Terra.

Minha opinião pessoal é que continuaremos vendo os bitcoins aumentarem de valor, especialmente em torno de cada marca de quatro anos. Por que eu diria isso? Bem, vamos apenas dizer que tenho minhas razões.

Quantos bitcoins existem?

Boa pergunta, e você mesmo pode calculá-la. Claro, tudo depende da data e hora em que você está lendo este livro.

Então, vamos dar uma olhada em alguns dos fatos que sabemos com certeza antes de começar quaisquer cálculos complexos:

Os primeiros 50 bitcoins foram criados no dia 31 de outubro 2008. Então, mais 50 bitcoins foram criados a cada 10 minutos até 2012.

Depois 2012, a quantidade de produção de bitcoin foi reduzida à metade - ou seja, a cada 10 minutos, 25 novos bitcoins foram criados até 2016.

Desde 2016, o processo seguiu os mesmos princípios, ou seja, a cada 10 minutos, 12,5 bitcoins foram criados até 2020. Esse processo continuará até o ano de 2140, ou até que haja 21 milhões de bitcoins no mercado.

2.3 - Má reputação

Caso você não tenha ouvido falar da Dark Web, deixe-me explicar um pouco sobre ela. Eu poderia dedicar um livro inteiro para a Dark Web, e talvez no futuro eu faça isso. Eu não estou interessado no comércio de drogas ou armas online. No entanto, só porque isso está no topo da lista de coisas que podem ser compradas na Dark Web, não significa que um dia serei participantes nesses mercados.

O que você deve entender é que a Internet como a conhecemos por meio de motores de pesquisa como o google, yahoo ou bing, não são a única web que existem. Há um outro universo, e é conhecido como a **rede escura** ou **dark web**; pode ser alcançada através de outro motor de pesquisa denominado **TOR**. A rede **TOR** também é conhecida como roteador onion ou onion rede. O **TOR** é capaz de ocultar o endereço IP do usuário final; portanto, tornando tudo o que é feito na Internet completamente indetectável.

Mesmo o seu provedor de serviços de Internet não saberia qual site você visitou, exceto que você visitou a rede TOR. Eu tenho visitado a dark web já há algum tempo para ter uma ideia, e quanto mais você olha em volta, o que mais você encontrará são serviços "feios". E lamento mencionar isso, mas as coisas que eu tenho visto por lá são nojentas, e para aqueles que podem ficar facilmente chateados, eu não recomendo e por esse motivo não tecerei quaisquer comentários. O que quero dizer é que os traficantes de armas e drogas do TOR pedem pagamento na forma de Bitcoin. Bitcoin é indetectável, assim como a rede TOR. Portanto, a Dark Web é um paraíso para criminosos.

[28]

Os criminosos também usam Bitcoin? Eles com certeza fazem uso do Bitcoin. Na verdade, eles não têm outra escolha quando se trata de bens ou serviços ilegais online. Antes de fechar este livro interrompendo sua leitura, afaste-se da idéia de não usar bitcoin porque os criminosos também o estão usando, por favor, pense duas vezes. Bitcoin não foi criado para criminosos. Bitcoin foi projetado para todos. Se fosse assim, ninguém usaria carros ou motos, uma vez que, ambos são utilizados com frequência por crimonosos no mundo inteiro. Pense a respeito.

Outro problema que acontece repetidamente é que as contas de bitcoin são hackeadas e as pessoas ficam com suas carteiras digitais vazias. Por favor, não entenda mal este ponto. Não é o bitcoin que é hackeado, mas os computadores ou dispositivos móveis da vítima no nível do usuário final. O valor do bitcoin tornou-se enorme; e os hackers também se educaram e aumentaram o seu próprio nível de conhecimento. Portanto, eles mudaram seu jogo mais uma vez, e perceberam que hackear contas de Bitcoin é lucrativo e impossível de rastrear; então por que não fazer - especialmente em grande escala? Este problema foi resolvido, e se você decide ter uma carteira, você deve certificar-se de que sempre faz backup de sua carteira, e também, que sempre todos os seus recursos de segurança estão ativados e atualizados. Alguns desses recursos de segurança são como autenticações em duas etapas que não requerem muito aprendizado ou o tempo, ainda, melhor estar protegido do que presumir que os hackers nunca o encontrarão.

2.4 - Wikileaks

Você deve estar familiarizado com o site WikiLeaks - uma organização sem fins lucrativos responsável pela publicação de segredos e informações classificadas de forma anônima. Como era de se esperar, os governos de um modo geral, não estão satisfeitos com o site e eles têm tentado fazer com o site seja encerrado. O site requer manutenção básica, bem como segurança, e os únicos contribuidores capazes de ajudar tiveram que usar bitcoin. Como um resultado, o site permanece no ar até hoje. Este é um dos mais famosos exemplos. No entanto, existem inúmeras causas pelas quais as pessoas têm sido capazes de prestar ajuda a outras pessoas, até mesmo do outro lado do planeta, usando bitcoin.

2.5 - Rumores sobre a diminuição de valor

As especulações e acusações mais comuns contra o bitcoin são sua possível flutuação. As pessoas costumam dizer, "E se houver outro tipo de criptomoeda que possa competir com o bitcoin usando a mesma tecnologia subjacente, o Blockchain? O bitcoin perderia seu valor?" As acusações são realmente possíveis, mas olhando para a história do valor do bitcoin, apenas aumentos significativos aconteceram, mesmo com 734 outras criptomoeda.

Não sou um futurista, mas depois de analisar os fatos, acho que é justo dizer que o bitcoin está em alta e não vai parar por muito tempo.

2.6 - O que você pode comprar?

Bem, você pode comprar qualquer coisa na dark web - é claro - eu não recomendo, já que você pode encontrar criminosos que tentam roubar ou invadir sua carteira bitcoin. Alguns criminosos cibernéticos até tentariam chantageá-lo.

No entanto, se você não fornecer seus dados, você ficará bem.

Realisticamente, mais serviços estão aceitando bitcoin, como hotéis, restaurantes, Cafés, até mesmo algumas lojas de comida para viagem, agora oferecem métodos de pagamento usando bitcoin, e recentemente eu vi até anúncios de imobiliárias e lojas de revenda de automóveis aceitando bitcoins.

Grandes empresas de varejo também estão aceitando bitcoin, como Shopify, TigerDirect, e muitos mais. Para ver o quão amplo já pode ser, você tem que olhar perto de onde você mora. As grandes cidades oferecem todo tipo de oferta, como:
- Teatro
- Serviço de táxi
- Aluguel de bicicletas
- Jatos particulares
- Pubs

Além disso, você pode considerar outras grandes empresas que agora estão aceitando Bitcoin, tais como:
- Dell
- Microsoft
- Zynga
- Reddit

- Wordpress.com
- Metrô
- Expedia.com
- Galáctico virgem
- OK Cupido
- Stream
- Alza
- Filmes Lionsgate
- Badoo ... e muitos mais

Ao usar cartões-presente, vários aplicativos também permitem que os clientes comprem em sites, como:
- Amazon.com
- Walmart
- Alvo
- Nike
- GAP
- BEBE
- Sears
- Papa Johns
- Melhor compra
- iTunes
- eBay
- Starbucks
- Zappos
- Farmácia CVS
- O depósito HOME... e muito mais.

Queria que você visse que algumas das maiores empresas já estão se adaptando a ideia de aceitar bitcoin. Além disso, para entender a gama de produtos e serviços que podem ser adquiridos, consulte a lista de categorias que você pode escolha entre:
- Companhia Aérea

- Companhia Automotiva
- Beleza
- Confecções
- Lojas de departamento
- Comércio eletrônico
- Eletrônicos
- Gás
- Presentes e brinquedos
- Mercado
- Saúde
- Casa e Jardim
- Melhoria da casa
- Hotel
- Joalheria
- Filmes
- Animais de estimação
- Restaurantes
- Sapatarias
- Artigos esportivos

Como você vê, as categorias continuam crescendo, e se você estiver mais interessado em quais lojas você pode pagar usando bitcoin, você pode verificar o que tem por perto você ou quais plataformas online podem oferecer em sua área.

2.7 - Por que nem todo mundo usa Bitcoin?

Bem, a realidade é que a maioria das pessoas que já estão cientes da existência de bitcoin, são preguiçosas demais para fazer pesquisas para melhor compreensão sobre os potenciais desta moeda.

Pessoalmente, ouvi falar sobre bitcoin pela primeira vez em 2013 e não olhei muito para ele.

O que eu entendi foi que o bitcoin era alguma forma de método de pagamento online, e a maioria dos criminosos estava usando porque não é rastreável. É isso. Não se tem muitas notícias a respeito e, de alguma forma, ninguém parece falar sobre isso, a menos que haja um significativo ataque cibernético, e os hackers exigiriam resgate, ou algum pagamento, na forma de bitcoin.

De qualquer forma, no final de 2015, ouvi sobre bitcoin novamente quando estava estudando sobre a segurança de rede e criptografia para um projeto, então mencionei isso ao meu Cliente. Ele disse que sim, ele conhecia o bitcoin e seu valor era cerca de $ 300. Quando ele disse isso, eu não pude acreditar que um bitcoin valia $ 300! Claro, eu ainda não entendia o que era bitcoin. Eu pensei que era como uma moeda física real, eu ainda não tinha ideia que só existe em formato digital. Em seguida, em uma conversa com um funcionário desse mesmo Cliente, que ouviu por acaso sobre o que estávamos falando, disse que não conseguia acreditar que eu nunca tinha ouvido falar de bitcoin antes! Então, eu disse: "Sim, eu ouvi sobre isso, mas não sabia que ele valia muito." Comecei a pensar mais e mais sobre isso e comecei a fazer alguma pesquisa. Um pouco depois, tive a ideia de fazer bitcoin usando meu antigo notebook!

Então, eu disse a ambos que ouvi que os computadores podem gerar bitcoin, e se valer cerca de US $ 300 cada, posso produzir um ou dois por semana. Obviamente, eu não tinha ideia do que estava falando, e eles me disseram que NÃO É TÃO FÁCIL. No entanto, eles não conseguiram me explicar como era feito exatamente.

Disseram que eu estava pensando como um hacker e não deveria ser assim. Mas afirmei que parece uma tecnologia empolgante. Eles responderam: "OK, então por que você precisa de bitcoin? O que você quer comprar? Você quer comprar algo na dark web? " Eles me deixaram sem palavras, então eu não disse mais nada. No entanto, secretamente comecei a aprender o máximo possível sobre bitcoin e, claro, isso me levou a outra tecnologia interessante chamada Blockchain.

Meu ponto é que a maioria das pessoas foi enganada por notícias falsas, e para aqueles que podem estar interessados, leva muito tempo para entender como bitcoin ou blockchain funciona. Portanto, a maioria das pessoas desistem da pesquisa e não vão se envolver em qualquer caminho, então, em vez de continuar a falar sobre o futuro e possibilidades, vamos dar um passo para trás e entender a história das finanças.

CAPÍTULO 3 Finanças e o Gatilho

"Algumas pessoas enxergam inovação como mudança, mas nós nunca vimos dessa forma. É sobre melhorar as coisas."
Tim Cook

O objetivo desta seção é compreender a inovação de nossa existência.

Portanto, vamos dar um passo atrás algumas centenas de anos.

O comércio sempre esteve presente nas nossas vidas, pois é obrigatório para a nossa alimentação corrente, e provavelmente nunca irá embora. Quando você olha mais de perto o básico, as necessidades humanas de sobrevivência, você rapidamente percebe que os três os requisitos mais importantes são:

- Ar
- Água
- Comida

Como o ar e a água podem ser encontrados em muitos locais de graça, vou levar um exemplo de alimento e comece a analisá-lo mais detalhadamente.

Os itens alimentares foram identificados desde as primeiras idades como uma das principais necessidades humanas de sobrevivência. Portanto, entendemos que a comida tem um tremendo valor. Como qualquer outra coisa que tenha valor, tornou-se parte do sistema global da cadeia comercial, e foi um dos primeiros métodos de pagamento entre os humanos em troca de bens ou serviços específicos fornecidos. Porque a comida sempre ajudava na sobrevivência básica, era um dos melhores métodos de pagamento para um período prolongado. Na verdade, existem muitos locais existentes no mundo que ainda usam esta abordagem. À medida que a civilização avançou, especialmente com mais aldeias e cidades desenvolvidas, os métodos de pagamento começaram a mudar. Naquela época não tínhamos freezers ou geladeiras, e usando pagamentos como itens alimentares como frutas exóticas ou qualquer carne simplesmente faria que fossem para o lixo. Isso causou muitos problemas, e provavelmente muitas batalhas.

Portanto, esse problema precisava ser resolvido. A solução foi a criação de um novo tipo de método de pagamento, algo que não apodreceria ou se desperdiçaria facilmente. No entanto, tinham que ser trocados por alimentos ou quaisquer outros bens ou serviços.

3.1 - Metal precioso

Metais brilhantes foram apresentados ao mundo como um novo método de pagamento, e estes eram a prata ou o ouro.

Claro, no início, a maioria das pessoas não gostou dessa ideia. Ainda assim, foi implementado e lentamente, foi amplamente adotado. Era trocável por itens alimentares e outros bens ou serviços e foi verdadeiramente revolucionário, e ainda hoje, quando você olha no valor da prata ou do ouro, eles estão aumentando continuamente. Humanos têm percebido que está ficando muito mais difícil minerar ouro e prata. Portanto, o metal precioso teve que ser descontinuado como a principal moeda de pagamento.

3.2 - Papel moeda

A introdução do papel-moeda parecia ridícula, uma vez que, como humanos, somos desconfortáveis com a mudança e hesitamos em nos adaptar a qualquer coisa que não entendemos - pelo menos no começo.

Depois de um tempo, todos os tipos de papéis-moedas foram implementados de forma centralizada, em quase todos os países do mundo. O novo método de pagamento de papel-moeda estava ativo e crescendo em todo o mundo. E isso significa que o papel-moeda está OK, mas poderíamos mencionar inúmeros países onde o dinheiro em papel falhou repetidas vezes devido à diminuição de seu valor no longo prazo. A redução no valor do papel-moeda também tem outras raízes, como facilmente falsificados em grande escala. Além disso, como tudo no mundo, nós aprendemos que bens com oferta limitada têm um aumento de valor, especialmente a longo prazo. No entanto, o oposto acontece quando o papel-moeda continua sendo impresso, diminuindo de valor. Quando se trata de papel-moeda, é um tópico fascinante.

O fato de termos aprendido, em várias ocasiões, que o papel-moeda é um fracasso, e ainda assim continuamos a reinventar novos. Acreditamos que, desta vez, será um sucesso. Veja o exemplo do euro que assumiu o controle de moedas como:

- Marco Alemão
- Xelim austríaco
- Lira italiana
- peseta espanhola
- coroa eslovaca
- lira maltesa
- florim holandês
- markka finlandês
- franco francês
- Dracma grego e muito mais (e muito mais por vir).

Parece que o papel-moeda ainda estará presente por um tempo. Porém, antes de saltarmos à frente, tivemos outra moeda introduzida após o formulário de papel em nosso novo mundo digital chamado SWIFT.

3.3 - SWIFT

Society for **W**orldwide **I**nterbank **F**inancial **T**elecommunication teve o seu início no ano de 1973, e esta rede recém-criada agora permitia que todas as instituições financeiras pudessem transferir transações financeiras seguras em um ambiente confiável em todo o mundo.

Essa ideia foi, novamente, verdadeiramente revolucionária. Usar a internet para fazer pagamentos é muito útil, para não mencionar que hoje em dia usar cartões sem contato é simplesmente superconfortável. A velocidade de implementação, ao fazer pagamentos, torna-se muito rápida. Quando você está olhando para uma transação bancária internacional, pode demorar de 3 a 5 dias, mas você pode fazer isso usando seu laptop em casa ou seu celular, em qualquer lugar, basta ter acesso à internet. No entanto, no início - quando foi introduzido - parecia estranho e a maioria das pessoas não acreditava que funcionaria. Lentamente, aprendemos que certos pagamentos podem ser automatizados: como pagar suas contas ou um serviço que você se assinou e, claro, a maioria das grandes empresas agora está pagando todos os seus funcionários por meio de transferências bancárias. Bem, ainda existem muitas empresas que pagam seus funcionários em dinheiro, pois não desejam pagar impostos. Essas empresas optam por permanecer anônimas em vez de compartilhar com os bancos todos seus ativos, por várias razões. Como sempre, as pessoas tiveram que se adaptar. A ideia de que toda a sua riqueza está contida em um pedaço de cartão de plástico era assustador.

O mundo do pagamento mudou novamente. Os bancos centralizados escalaram e eles introduziram muitos sistemas diferentes à sua escolha. Alguns dos métodos de pagamento atuais mais conhecidos são:
• Cartão de crédito
• Cartão de débito
• Caixas eletrônicos

Devido ao boom das pontocom e à revolução da internet, outras tecnologias digitais e métodos de pagamento foram introduzidos por várias empresas terceirizadas, fornecendo transações seguras em troca por uma taxa adicional específica.

Embora com preços mais elevados, agora chegamos ao ponto de habilitar operações com pessoas ou empresas com as quais nunca precisamos falar ou ver. Ainda que teríamos problemas para confiar em um negócio ou em produtos específicos; nós ainda poderíamos proceder a transações, devido ao terceiro que garante que o pagamento só será concluído quando as mercadorias chegarem conforme descrito. Por exemplo, quando você efetua o pagamento de um produto individual usando o PayPal, simplesmente porque você sabe que, na pior das hipóteses, você pode pedir um reembolso e o PayPal o ajudará— certificando-se de obter seu reembolso se os produtos ou serviços não forem entregues ou forem diferentes do descrito quando você fez um pedido.

Esses sistemas financeiros centralizados bem conhecidos são:
- PayPal
- Payoneer
- Alipay
- eCash
- M-Pesa e muitos outros.

Em 2008, foi introduzida uma nova moeda, mas desta vez era algo muito diferente. Foi a primeira moeda digital, que foi chamada de Bitcoin. E desta fez, não havia sido introduzida por uma empresa ou banco conhecidos, nem por qualquer governo de qualquer País, mas foi feito em um formato de software - executado no protocolo denominado Blockchain.

Como sempre, não houve muitas pessoas interessadas em adotá-lo no início; eles não fizeram compreender seu propósito. Pode exigir um pouco de pesquisa para entender. Nós sabemos que o dinheiro funciona e que existem muitas outras moedas. Podemos fazer pagamentos usando nossos cartões bancários ou PIX, e também de tantas outras opções, quando se trata de fazer um pagamento - então por que se preocupar, certo? Bem, Bitcoin como já disse anteriormente, foi a primeira moeda digital que foi introduzida. No entanto, em junho de 2017, haviam mais de 730 diferentes tipos de moedas digitais existentes. O que isso significa para nós agora? Eu tenho amigos que não trabalham na indústria de TI, e quando perguntei a eles sabem ou conhecem sobre Bitcoin ou criptomoedas, eles frequentemente olham para mim como se eu estivesse falando grego.

A realidade é que, embora alguns possam ter ouvido falar de criptomoedas, eles ainda nunca se preocuparam em investigar os potenciais.

O que estou tentando dizer é que, ao olhar para trás no tempo e analisar a história das instituições financeiras, você pode perceber que a forma de pagamento diminuiu significativamente de seu valor físico. Eles não apenas se tornam menores, mais leve ou mais fino, mais virtualizado, e agora ao ponto em que nós, pessoas, nem mesmo precisamos fazê-los, já que as moedas digitais estão funcionando na nossa Internet atual (redes interconectadas).

3.4 - O Gatilho

Alguns de vocês podem se lembrar, no passado, quando tudo estava indo apenas bem até o colapso do Lehman Brothers. Era dia 15 de setembro de 2008, quando ocorreu a maior falência já acontecida na história dos Estados Unidos. É claro, O Lehman Brothers operava em outros países também, e o resultado desse dia não foi diferente em nenhum outro lugar.

Nessa época eu estava no Brasil e trabalhava para um grande escritório jurídico no Rio de Janeiro. Na verdade, naquela época eu trabalhava como gestor do departamento de tecnologia e telecom. O que aconteceu foi que as pessoas estavam vindo para o meu escritório em grupos. Eles disseram que estavam arruinados devido à queda da bolsa. Porque eu e minha equipe estávamos executando um trabalho muito complexo e difícil estávamos isolados não só do noticiário mas basicamente de tudo. Não entendemos a princípio o que esses colegas de trabalho estavam falando. Inclusive o presidente do grupo estava incontrolado, dizendo "acabo de perder o equivalente a 3 apartamentos de luxo".

Depois de tanto alarde, rapidamente olhamos as notícias e vimos que o Lehman Brothers havia entrado em administração (falência) há menos de 45 minutos atrás. Então entendemos e percebemos que essas pessoas que costumavam almoçar em alguns dos restaurantes mais caros dos arredores, agora não seriam mais capazes de frequentar nem os lugares mais simples. Naquela mesma manhã, várias pessoas perderam seus empregos. E no dia seguinte, no dia 16 de setembro, outros mais se seguiram.

Claro, que naquela época eu não me aventurava na bolsa de valores ou outro investimento de risco. Enfim, eu só queria compartilhar minha experiência pelo que eu vi acontecer logo no início da recessão em 2008. Após o Lehman Brothers, houveram muitos mais Bancos e instituições financeiras que não tiveram escolha senão escolher a falência. Durante meses, todos os canais de notícias estavam cheios das últimas notícias que outras grandes empresas haviam perdido todos os seus ativos, repetidas vezes. Ao mesmo tempo, o desemprego começou a aumentar, então, lentamente, muitas pessoas começaram a perder suas casas devido a pagamentos incompletos.

A maioria das pequenas empresas tiveram que fechar as suas portas encerrando as suas atividades. Havia menos dinheiro circulando, e as pessoas pensavam duas vezes antes de gastar dinheiro com algo. A crise financeira causou muita miséria, e não apenas nos EUA ou o Reino Unido, mas em muitos outros países também, alguns deles ainda estão em estado de recessão desde essa época. Os preços dos imóveis começaram a cair, e encontrar um novo emprego não foi fácil, mesmo pessoas superqualificadas estavam se candidatando a empregos em todos os lugares. No entanto, haviam dizeres de "não há vagas de emprego" suficientes para atender à demanda crescente.

Eu, como a maioria das pessoas, era um expectador, somente acompanhando as notícias - que na maioria das vezes, sabemos que são manipulados e seu único propósito, que é o de criar drama e medo entre os trabalhadores... estou fazendo o possível para não prejudicar a imagem de nenhuma empresa, mas controlar a mídia é uma excelente maneira de manipular as pessoas, suas crenças e liberdade. Usando a mídia, como canais de notícias e jornais, para alcançar pessoas, é de fato uma das melhores maneiras de criar escravos, fazendo-os acreditar que o mundo é exatamente o que a mídia está fornecendo. Pense em um dia normal quando você encontra de 5 a 10 pessoas. Alguém, se não muitos deles, dirá a você uma história que começa assim, "Você ouviu ontem no noticiário, Bla Bla Bla..."

Claro, em seguida, alguém vai perguntar: "Onde você ouviu isso?" A resposta será semelhante a algo como "Eu ouvi no canal de notícias XYZ, ou no notícias HTZ ou leia no jornal XYZ. " Tudo é uma grande notícia por dias, às vezes semanas, depois de repente - tudo é esquecido. Por quê?

Engraçado, na mesma época, em um fórum online pouco frequente, um jornal foi postado em uma lista de discussão de criptografia em metzdown.com, intitulada como: Bitcoin.

O subtítulo era: Um sistema de caixa eletrônico ponto a ponto.

Então, o que é isso? Não é da Globo News, CNN, Band News ou BBC, NBC, CNBC ou o que quer que você nomeie como seu canal de notícias. Portanto, deve ser um absurdo, certo? Sim, é mais provável que sejam notícias falsas, e seja o que for, parece muito complicado. Portanto, não despertou o interesse de ninguém. Este white paper foi publicado em outubro de 2008, menos de dois meses após o maior crash financeiro da história. O autor chamou a si mesmo de **Satoshi Nakamoto** e explicou alguns pontos relacionados a esta nova moeda digital chamada **Bitcoin**. Ele afirmou que acreditava ter encontrado a solução para o maior problema que enfrentamos, uma tecnologia que é chamada de blockchain.

Além disso, ele explicou não apenas como funcionava, mas que este sistema já foi criado e está sendo executado em um formulário de software usando a Internet atual, pois é uma plataforma.

Existem muitas especulações sobre isso, e você pode encontrar várias respostas sobre o que exatamente aconteceu; as mais importantes entre elas são - por que agora?

Como é que um documento tão sério foi publicado logo após o maior evento crash financeiro na história? Bem, podemos descobrir algum dia ou em breve, mas a possibilidade permanece que nunca saberemos o que desencadeou para o nascimento da tecnologia Blockchain.

3.5 - O Inventor

Em primeiro lugar, gostaria que você entendesse que este livro foi escrito no segundo trimestre de 2020 e finalizado no terceiro trimestre de 2021 e publicado no primeiro semestre de 2022. Portanto, quando você estiver lendo este livro, é possível que uma nova luz seja lançada sobre quem é Satoshi Nakamoto.

Com o conhecimento atual em mãos, vamos tentar entender quem é ou quem foi Satoshi Nakamoto.

Em primeiro lugar, Satoshi Nakamoto é o inventor do bitcoin, bem como da tecnologia blockchain. Apesar de ser um nome falso, foi assim com esse nome que ele se apresentou à Internet.

É um nome de homem. No entanto, é possível que Satoshi Nakamoto seja uma mulher. Esse é um dos maiores mistérios do mundo da tecnologia.

No entanto, a maioria das pessoas não querem saber exatamente quem é Satoshi; porém, somos gratos pela tecnologia que ele criou.

Infelizmente, muitas pessoas pensam que, já que Satoshi Nakamoto inventou o Bitcoin e a tecnologia blockchain, também é o dono deles. A realidade é que Satoshi Nakamoto não tem controle sobre o Blockchain – nem do bitcoin; portanto, realmente não importa quem é Satoshi Nakamoto. Mas sim, ainda queremos saber quem está por trás das cortinas; então, vamos pensar sobre isso de novo.

Satoshi Nakamoto é um homem ou uma mulher - é claro – ele também pode ser um casal, um grupo de pessoas ou mesmo um grupo de mulheres, pelo que sabemos.

Satoshi Nakamoto pode ser dez pessoas juntas, mas também pode ser uma grande equipe de 100 pessoas. Satoshi Nakamoto pode ser uma criança, ou ele pode ser homem velho. Satoshi Nakamoto pode ter morrido logo depois de lançar seu artigo; portanto, ele não teve tempo de mostrar sua verdadeira face.

Eu entendo se você está ficando entediado com essas acusações e suposições, então vamos começar pensando em uma perspectiva diferente. Satoshi Nakamoto pode nem ser humano.

Agora você pode pensar que estou além do limite. No entanto, é tão estranho que não tenhamos conseguido descobrir quem era Satoshi Nakamoto nessa última década; nem onde ele residia, mas quem ele é, honestamente, não temos ideia, e atualmente ou mesmo naquela década, havia tanta tecnologia de rastreamento, que é pouco provável que alguém ficasse realmente "fora dos radares".

Alguém pode saber exatamente quem ele é. No entanto, não há confirmação ou evidências suficientes para provar quem é Satoshi.

Sempre adorei assistir filmes de ficção científica e me deparei com um chamado Arrival.

Alguns desses filmes bem antigos ainda se mantêm até hoje. Por exemplo, de volta ao presente, algumas histórias de ficção científica apresentavam objetos individuais ou ferramentas que podemos usar em um futuro, e algumas delas, já usamos há anos. Eu não quero pegar em muitos detalhes; no entanto, pense sobre o face-time talk nos anos 80. Isto era um conceito que um dia poderíamos ser capazes de fazer. E hoje em dia o Skype e o Vídeo Chat do Facebook, ou as Videos chamadas do WhatsApp, ou ainda o FaceTime da Apple estão em nossas vidas diárias. Na verdade, existem milhões de pessoas conectadas e capazes de ficar no chat de vídeo por horas, usando nossos celulares. O primeiro iPhone foi criado e lançado no mercado há quase quinze anos atrás, em 2007. Desde então, passamos por algumas mudanças dramáticas, e a próxima década será ainda mais impressionante.

Então, de volta ao filme chamado Arrival, espero que você já tenha visto também, e que não vou estragar isso para você. No entanto, se você ainda não viu, você pode desejar pular o próximo parágrafo.

No filme, recebemos a visita de Aliens que estão aqui para nos ajudar proporcionando visibilidade no futuro.

Novamente, desculpe se você não assistiu ao filme ainda, assim, você provavelmente vai me odiar por isso. Os conceitos do filme são excelentes, não me pergunto se recebeu um Oscar, embora pudesse ter merecido mais do que isso, mas isso é apenas minha opinião. Quando penso nesse filme de ficção científica, estou pensando sobre o fato de ser muito semelhante aos mesmos conceitos. Recebemos uma tecnologia chamada Blockchain de uma pessoa desconhecida - ou melhor, de uma fonte anônima - isso mudará nosso mundo dramaticamente! Eu me pergunto como os criadores de filmes tiveram a ideia. Não estou sugerindo que existam Aliens lá fora, mas também não posso negar. O que posso dizer é que os profissionais de TI, desenvolvedores de software, programadores experientes e até mesmo especialistas em segurança cibernética são fascinados por essa tecnologia, e muitas vezes se refere a ela como uma "TECNOLOGIA ALIEN".

O blockchain é enorme e certamente levariam meses, senão anos, para alguém entender seus detalhes técnicos e como eles se encaixam. Outra coisa é que, cada vez mais, diz-se que essa tecnologia é complexa demais para algum homem construí-la sozinho. Portanto, não há nenhuma maneira de Satoshi Nakamoto ter trabalhado sozinho.

Então, de volta à pergunta de um milhão de dólares, "Quem é Satoshi Nakamoto?"

Vejamos algumas das reivindicações ao longo dos anos para que você possa decidir por você mesmo.

O que você precisa entender é que Satoshi Nakamoto ficou em silêncio em 2009, e permaneceu assim pelos próximos cinco anos, ou pelo menos no fórum onde ele postava anteriormente e estava sempre ativo.

3.6 - Eu não sou Satoshi

Supostamente, Satoshi Nakamoto era um homem de 41 anos na época da publicação do white paper Bitcoin.

Ele é do Japão. No entanto, o primeiro código que foi escrito para o blockchain foi redigido em inglês que é tão perfeito que simplesmente não faria sentido para um Homem japonês escrever assim. Isso indicaria que ele deve ter contratado alguém, ou estava trabalhando com alguém que tem um inglês perfeito, para escrever o código.

Em 2014 houveram alguns jornais que começaram a escrever sobre Dorian Nakamoto, que na época morava nos Estados Unidos na ensolarada Califórnia. O nome de nascimento de Dorian era Satoshi. Além disso, outras circunstâncias o fariam parecer ser o verdadeiro inventor do Blockchain.

Aparentemente, o primeiro repórter que quis entrar em contato com ele perguntou-lhe, na forma de um e-mail, se ele tinha alguma coisa a ver com o bitcoin. A resposta de Dorian foi o seguinte: "Não estou mais envolvido nisso e não posso discutir isso. Foi entregue a outras pessoas. Eles estão no comando agora. Eu não tenho mais nenhuma conexão com bitcoin

Claro, isso era suspeito, e repórteres estavam por toda a parte à caça de Dorian na Califórnia. Depois de perceber que era um assunto muito sério, ele olhou para seu e-mail novamente, e tentou se explicar.

Primeiro, ele negou qualquer envolvimento em relação ao bitcoin. Na verdade, ele disse que não tinha ideia do que é bitcoin até que seu filho lhe contou sobre a notícia, então ele olhou na internet. Ele também veio a público e explicou o seguinte: "Eu realmente não tenho nada a ver com bitcoin. Nada a ver com o desenvolvimento. Eu era apenas um engenheiro, fazendo outra coisa. Se você olhar para o tempo gasto em 2001, eu não estava lá. Eu trabalhava para o governo por meio de uma empresa contratante. Eu apenas acredito que alguém colocou aquele nome fictício ali no artigo bitcoin.

Também foram publicados documentos em que ele tinha feito trabalhos classificados para o Governo dos Estados Unidos, bem como as Forças Armadas dos Estados Unidos. Ele também assinou documentos que não poderiam admitir quaisquer envolvimentos em seus trabalhos anteriores referindo-se a projetos secretos.

Após esse evento, houve uma mensagem inesperada em um fórum P2P onde o verdadeiro Satoshi Nakamoto costumava postar há cinco anos atrás.

"Eu não sou Dorian Nakamoto.bitcoin"

3.7 - Eu sou Satoshi

Craig Wright, que é um conhecido empresário australiano, e em 2015 tornou-se o "próximo" homem possível que poderia ser o verdadeiro Satoshi Nakamoto. De uma fonte anônima, documentos começaram a vazar sobre Craig Wright para Revista Wired. A maioria deles tinham alguma evidência que parecia como se Craig Wright poderia ser o próprio Satoshi.

Um deles, lançado em agosto de 2008, o próprio Craig afirmou que estava pensando em lançar um papel criptomoeda. Isso, é claro, tornou-se um candidato atraente para o artigo original publicado por Satosh Nakamoto que foi lançado em outubro de 2008, apenas pouco mais de um mês depois.

Outro vazamento, que também foi divulgado pela revista Wired, foi outra declaração da Craig Wright, mas este datava de janeiro de 2009. Desta vez, ele escreveu que o bitcoin está prestes a ser lançado. Na verdade, era janeiro de 2009, quando o primeiro bitcoin começou a operar.

Além disso, a revista Wired também afirmou ter recebido vários e-mails e transcrições que colaboram com o link. "Há uma mensagem vazada de Wright para seu advogado, datada de junho de 2008, na qual Wright imagina um livro razão P2P distribuído. Houve muitos vazamentos em relação a Craig Wright, especialmente na revista Wired. No entanto, tudo mudou em maio de 2016. Craig Wright declarou em seu blog que agora estava disposto a admitir publicamente que é Satoshi Nakamoto.

Este foi outro ponto de virada; no entanto, as pessoas permaneceram céticas. Dois dias depois, Craig escreveu em seu blog que finalmente lançaria uma série de artigos e com isso lançará a base para sua reivindicação extraordinária. Embora, em vez de fornecer evidências, Craig substituiu essa postagem com o seguinte texto:

"Me desculpe por ter acreditado que poderia fazer isso. Eu senti que poderia colocar os anos de anonimato e se esconder atrás de mim. Mas os eventos desta semana se desenrolaram, e eu preparado para publicar a prova de acesso às primeiras chaves, quebrei. eu não tenho coragem. Não posso. Quando os rumores começaram, minhas qualificações e caráter foram atacados. Quando essas alegações foram provadas falsas, novas reivindicações já começaram.

Eu sei que essa fraqueza vai causar danos consideráveis para aqueles que me apoiaram, e particularmente Jon Matonis e Gavin Andersen. Eu posso apenas esperar que sua honra e credibilidade não sejam irreparavelmente manchadas por minhas ações.

Eles não foram enganados, mas eu sei que o mundo nunca vai acreditar nisso agora. Eu só posso dizer que sinto muito.

E adeus.bitcoin"

Porque Craig não forneceu nenhuma evidência de que ele é o verdadeiro Satoshi, ou a comunidade bitcoin o pintou como um mentiroso.

Em seguida, foi outra ação fantástica de Craig. Ele pediu à BBC uma entrevista.

Ele então explicou que é Satoshi Nakamoto e inventou o bitcoin. Craig também afirmou que não aceitaria nenhum prêmio ou premiação por esta criação, pois é não estou interessado em dinheiro ou qualquer coisa de ninguém, e certamente não necessitaria de qualquer ajuda de alguém.

Quando o repórter o questionou por que ele estava se escondendo por todos aqueles anos e como se ele se identificou agora, ele tinha uma resposta relativamente simples.

Craig disse que não decidiu enfrentar as câmeras, pois ele tem pessoas que escolheu isto para ele, o que, ele não está feliz no presente atual, como esta situação machucará muitos de seus amigos e familiares, bem como os membros de sua equipe.

Em seguida, o repórter perguntou o que ele queria com o conceito de ser o criador do Bitcoin, mas sua resposta foi que ele não quer nada, apenas vai se dedicar em trabalhar em seus projetos. Craig explicou que, porque ele criou o bitcoin, ou publicou um documento de graça publicamente, para que ele possa ajudar as pessoas, isso não significa que ele deve se tornar uma estrela conhecida, e certamente ninguém deve forçá-lo a admitir em quais projetos está trabalhando. Então ele acrescentou que ele era a principal pessoa por trás da criação do Bitcoin. Mas, ele teve ajuda para finalizá-lo.

Em seguida, o repórter apontou algo que interessa à maioria das pessoas.

Como o inventor do bitcoin, Craig deve ter 5% de todo o bitcoin que foi salvo, e isso é uma grande quantidade de dinheiro. Como a qualquer momento, quando os comerciantes estão vendendo bitcoin para comprar dólar, o valor do bitcoin cai. No entanto, como o inventor assim muito disse, existe o medo de que se o designer venderia tudo isso quando o preço for alto, o bitcoin provavelmente flutuaria.

A seguir, o repórter perguntou quanto bitcoin ele tinha e quanto ele minerou até agora. Craig apenas respondeu que não importa o quanto ele tem, em vez disso, o que importa é quando ele os minerará de fato.

Então Craig terminou seu discurso explicando que ele sabe que algumas pessoas vão acreditar nele, e alguns não vão, mas ele não se importa, porque ele nunca vai estar na frente da câmera.

A realidade é que Craig é muito convincente e, pessoalmente, não sei o que dizer. Eu não vou julgá-lo ou o Dorian, mas o mundo em que vivemos é certamente estranho com certeza. Apenas pense nisso. Primeiro, esperamos alguém que afirma não ter envolvimento de qualquer maneira, então encontramos um homem que admite que é ele o Satoshi, e nós não acreditamos nele. Parece que nunca vamos descobrir quem é o verdadeiro Satoshi, certo?

Craig demonstrou como iniciou a primeira transação de bitcoin. No entanto, ele só permitia que uma pessoa visse, e era um repórter sem conhecimentos técnicos suficiente para entender o que ele estava demonstrando. Os gurus de tecnologia comuns não estão convencidos. Além disso, Craig afirmou que ele nunca queria sair e estar na frente das câmeras. Ainda assim, agora que ele fez isso - alegou que ele é o verdadeiro Satoshi - ele completou fornecendo evidências de que ele fez a primeira transação de bitcoin e tem opções de como ele deve demonstrar essa prova. Uma maneira certa de fazer isso é ter alguém como um o especialista em bitcoin para vê-lo, e também poder verificar que ele não está mentindo. O jeito que Craig estava demonstrando as coisas é um pouco falso, pois ninguém pode confirmar 100% que ele é realmente quem afirma ser.

Então, qual é o ponto? Bem, algumas pessoas têm especulado que se Craig reivindicou o título de Satoshi, o verdadeiro Satoshi estaria enviando uma mensagem em alguns foruns para que ele pudesse ser rastreado. No entanto, não houveram notícias desde então do Satoshi real, como no caso de Dorian.

Quando você pensa sobre isso, se você fosse, secretamente, um dos homens mais ricos da terra, você iria para a BBC e contaria isso para o mundo? Falando com o mundo não significa apenas ser popular na frente das pessoas comuns, mas também coloca Craig a correr o risco, imediatamente, de ser alvo de cibercriminosos e hackers interessados nos seus Bitcoins.

É tão simples que qualquer um entenderia imediatamente. Então, quando você está pensando em alguém que é gênio o suficiente para implementar uma tecnologia que vai mudar, na verdade já está mudando o mundo, você não pensaria em Hackers?

Como mencionei, a maioria dos profissionais de TI simplesmente não está convencida o suficiente; portanto, a questão permanece sobre quem é o Real Satoshi Nakamoto.

3.8 - Satoshi é húngaro?

Algumas pessoas acreditam que o gênio por trás da tecnologia de blockchain é Craig; alguns acreditam que seja Dorian. No entanto, a maioria das pessoas da comunidade bitcoin não acham que qualquer um deles tem algo a ver com o bitcoin ou blockchain. Na verdade, 70-80% das pessoas acreditam em várias outras possibilidades, então deixe-me explicar algumas delas para você:

Nick Szabo

Segundo alguns pesquisadores, uma das maiores teorias é que Nick Szabo pode ter escrito o White Paper do bitcoin. Quando eles compararam mais de dez possíveis pessoas que podem ter algo a ver com a criação do bitcoin, os artigos/textos escritos e publicados de Szabo eram os mais próximos, linguisticamente, do white paper original que foi publicado por Satoshi Nakamoto.

Nick Szabo é um cientista da computação; além disso, ele também é um excelente criptógrafo e conhecido como especialista em Bitcoin. Além disso, ele é famoso por seus discursos sobre tecnologia Blockchain, moedas digitais e smart contratos.

Muitas pessoas têm interesse em qualquer um desses tópicos. Especialmente, porque ele é muito bem conhecido como um dos melhores palestrantes sobre Blockchain ou bitcoin. No entanto, muitas pessoas não estão cientes de que alguns desses chamados especialistas fizeram antes do nascimento do Bitcoin. Por outro lado, Nick Szabo teve uma ideia sobre uma moeda digital descentralizada em 1998 que ele chamou de "Bit Gold". Que coincidência, certo? Nick não só teve a ideia, mas ele também desenvolveu um mecanismo para, e eventualmente criou, o Bit Ouro. Nick não postou em seus blogs todos os dias. Na verdade, ele não era conhecido por publicar qualquer coisa, no entanto, quando o bitcoin foi criado, em 2008 - apenas dois meses após o lançamento oficial do bitcoin - Nick começou a escrever sobre o Bit Gold com mais profundidade. Na verdade, não se sabe muito sobre ele, um excelente exemplo é que a data de nascimento de Nick ainda não foi confirmada por ninguém até agora, e por causa disso, outras pessoas curiosas começaram a investigar Nick para tentar descobrir algo a respeito.

De acordo com a Wikipedia, Nick era professor de direito na George Washington Universidade; no entanto, depois de entrar em contato com a Universidade, eles não encontraram nenhum registro de qualquer pessoa com o nome de Nick Szabo. Isso, mais uma vez, sugeriu que seu nome verdadeiro pode nem ser Nick Szabo, pois pode ser apenas seu pseudônimo. Sabe-se muito pouco sobre Nick, pois não há idade, educação, localização, ou mesmo profissão anterior; portanto, dentro do mundo da tecnologia, ele se tornou o candidato número um para o pai biológico do bitcoin.

Aparentemente, sempre que perguntado se ele tinha alguma coisa a ver com Bitcoin, ele sempre negou, e por um tempo, mais uma vez, ele ficou em silêncio.

Infelizmente, quando se trata de mídia, há tantas notícias falsas inventadas que é simplesmente inacreditável. No início do século 21, a internet era a única fonte real de notícias; no entanto, agora que a maioria dos jornais mudou para uma plataforma online, leva muito tempo para pesquisar a verdade. Isso é, a maioria daqueles que estavam sempre tentando encontrar a verdade, de fato, não lêem jornais e canais de notícias falsos, e estou falando sobre profissionais de TI que apenas estudam sobre tecnologia. Mesmo que seja uma invenção tecnológica, tal como blockchain, chega ao noticiário, esses nerds ficam obcecados para descobrir quem é exatamente o grande designer, e eles começam a fazer suas pesquisas até encontrar a verdade. Pelo que parece, a maioria dos gurus da tecnologia estão apontando para Nick Szabo como sendo o verdadeiro criador de bitcoin.

Como mencionei antes, quando se trata de possíveis candidatos ao pai de Tecnologia Blockchain, existem muitas suposições. Tudo depende de quem você perguntar; no entanto, eu queria apresentar alguns dos personagens principais que podem ter algum envolvimento na criação de bitcoins.

3.9 - Trabalho em equipe

Muitas pessoas acreditam que o blockchain, devido à sua complexidade, pode ter envolvido muitos personagens, em vez de apenas um determinado indivíduo. Quando Craig foi perguntado sobre isso, ele disse que tinha tido ajuda. No entanto, ele foi a principal pessoa por trás de tudo.

Portanto, muitos começaram a acreditar que não era Craig, mas que Satoshi Nakamoto pode representar um grupo de indivíduos em vez do nome do homem.

Em japonês, Satoshi significa pensamento claro ou sábio, Naka significa dentro e Moto diz Fundação. Essas três palavras podem ser colocadas juntas de várias maneiras. No entanto, um dos mais comuns seria que ele, ou a equipe, está anunciando algo como: Eu sou sábio e entendo totalmente esse sistema de dentro para fora. Você pode substituir o I por nós. No entanto, Blockchain certamente não era um produto de um erro. A criação desta tecnologia realmente exigiu um pensamento claro e deve ser capaz de entender totalmente todos os detalhes dele e, por último, o Blockchain é uma grande fundação.

Claro, os pensadores opostos estão confiantes em dizer que, devido à estrutura do Blockchain, a ideia deve ter nascido em uma única mente. Portanto, tendo uma equipe pensando em conjunto, criando algo semelhante, não seria tão detalhado quanto é. Estou falando de pessoas que não são técnicos comuns, mas desenvolvedores de software e que participaram da construção da Internet desde muito cedo. Novamente, Nick Szabo vem à mente, em vez de um ímã de negócios australiano, nem um velho japonês que não se envolveu em nada por um longo período.

Vou agora encerrar este capítulo e deixar sua imaginação decidir quem Satoshi Nakamoto é. Ainda assim, como mencionei antes, tudo pode depender da data em que você estiver lendo este livro; mas por agora, pouco mais de uma década após a invenção da tecnologia Blockchain, ainda não temos 100% de evidências para provar quem é Satoshi.

CAPÍTULO 4 Bitcoin – quais problemas ele resolve?

*"O ignorante afirma,
o sábio duvida,
o sensato reflete."
Aristóteles*

Vamos analisar algumas das postagens de Satoshi ao longo do livro, e iremos descobrir como esses conceitos são realmente implementados. Não é importante, mas você vai querer ver quais eram os objetivos de Satoshi quando ele criou a tecnologia Blockchain, e eu vou detalhando ao longo do avançar das páginas.

"Desenvolvi um novo sistema de e-cash P2P de código aberto"

P2P significa ponto a ponto e indica um sistema onde uma pessoa pode interagir com outra sem ninguém no meio, como pares iguais. Você pode lembrar de outras tecnologias de compartilhamento de arquivos P2P como Napster, Kazaa e BitTorrent, que primeiro permitiu às pessoas compartilhar música sem download - carregá-lo diretamente de um site. Satoshi projetou Bitcoin para permitir que as pessoas pudessem trocar e-cash, dinheiro eletrônico, sem passar por um intermediário da mesma maneira.

O software é de código aberto, o que significa que qualquer pessoa pode ver como tudo funciona e contribuir para sua melhoria. Isso é importante, pois remove a necessidade de "confiança" em Satoshi ou qualquer outro indivíduo ou instituição. Não precisamos acreditar em nada, Satoshi escreveu em seu post sobre como o software funciona. Podemos olhar para o código e verificar como funciona por nós mesmos. Melhor ainda, se não gostamos de algo, podemos mudar isso.

"É totalmente descentralizado, sem servidor central ou partes confiáveis..."

Satoshi menciona que o sistema é descentralizado para distingui-lo de sistemas que têm controle central. Tentativas anteriores de criação de dinheiro digital como DigiCash por David Chaum em 1989 foi apoiado por um servidor central, um computador ou conjunto de computadores que era responsável pela emissão e verificação de pagamento, e era administrada por uma empresa.

Esses esquemas de emissão de dinheiro privado controlados centralmente foram fadados ao fracasso; as pessoas não podem contar com um dinheiro que pode ir embora quando a empresa fecha as suas portas, quando é hackeada através de qualquer ataque, ou quando sofre uma falha no servidor ou até mesmo quando é encerrada pelo governo.

A natureza descentralizada do Bitcoin traz de volta o conceito de dinheiro para o reino digital: você pode transferi-lo sem falar com ninguém, sem ficar pedindo permissão, 24 horas por dia, 365 dias por ano, e principalmente sem depender de ficar dependente de transferir através de qualquer parte confiável.

> *"...tudo é baseado em criptografia em vez de confiança"*

Como o Bitcoin se livra da exigência de confiança? Vamos mergulhar nisso mais tarde no livro, mas a ideia básica é que, em vez de confiar em alguém que diz "Eu sou Alice" ou "Eu tenho $ 10 na minha conta bancária", podemos usar matemática criptográfica para afirmar os mesmos fatos de uma forma que seja muito fácil de verificar pelo destinatário da prova. Isso se tornaria o base do sistema Bitcoin para provar a propriedade de fundos, bem como fornecendo segurança para a rede.

> *"Temos que confiar [aos bancos] nossa privacidade, confiar neles para não deixar nossas identidades enquanto ladrões drenam nossas contas"*

Ao contrário de usar sua conta bancária, um sistema de pagamento digital ou cartão de crédito, Bitcoin permite que duas partes façam transações sem desistir de nenhuma informação de identificação.

Repositórios centralizados de dados do consumidor armazenados em bancos, empresa operadoras de cartão de crédito, processadores de pagamentos e governos são potes de mel gigantes para hackers. Como se para provar o ponto de vista discutido por Satoshi, a Equifax foi maciçamente comprometida em 2017, quando em um ataque hacker provocou o vazando das identidades e dos dados financeiros de mais de 140 milhões de pessoas.

O Bitcoin visa desacoplar as transações financeiras das identidades e desata os laços do mundo real. Afinal, quando damos dinheiro físico a alguém, eles não precisam saber quem nós somos ou, nós de sabermos quem eles são, nem precisamos nos preocupar que após a nossa troca eles podem vir a usar algumas informações que lhes demos para assim roubar mais do nosso dinheiro. Por que não deveríamos esperar o mesmo, ou melhor, do dinheiro digital?

O banco central deve ser confiável para não degradar a moeda, mas a história de moedas fiduciárias está cheia de violações dessa confiança "**FIAT**", que em latim significa "**que seja feito**", refere-se ao governo e moeda emitida pelo banco central que é decretada como curso legal pelo governo. Historicamente, o dinheiro era escolhido livremente pelos participantes do mercado, optando por coisas que eram fáceis de verificar e fáceis de transportar, como sal, conchas, pedras, prata e ouro.

Nós lentamente mudamos de uma economia mundial que usava ouro como dinheiro para uma nova era econômica em que o papel passou a representar uma reivindicação daquele mesmo ouro. Eventualmente, o papel foi totalmente separado de qualquer suporte físico por Nixon, que encerrou a conversibilidade internacional do dólar americano em ouro em 1971.

O fim do "padrão ouro" permitiu que governos e bancos centrais pudessem aumentar o suprimento de dinheiro à vontade, diluindo o valor de cada nota em circulação, conhecida como aviltamento. Embora apoiado pelo governo, resgatável por nada, a moeda fiduciária pura é o dinheiro que todos conhecemos e usamos em nosso dia a dia, é na verdade um conceito relativamente novo, visto que esse conceito tem apenas cerca de 1 centenário.

Confiamos que nossos governos não abusarão de suas impressoras, mas nós não precisamos ir muito longe na história para exemplos de violações dessa confiança. Em regimes socialistas autocráticos e centralmente planejados, onde o governo mente e tem o dedo diretamente na máquina de dinheiro, como a Venezuela por exemplo, onde a moeda tornou-se quase sem valor. O venezuelano Bolívar (moela local), passou de 2 Bolívar por dólar em 2009 para 250.000 Bolívar ao dólar em 2019. Enquanto escrevo este livro, a Venezuela está no processo de colapso e mudança de regime devido à terrível má gestão de capital por seu governo.

Em contraste com a moeda fiduciária emitida centralmente, cuja oferta não pode ser prevista, a fim de evitar a degradação, Satoshi projetou um sistema de dinheiro onde o suprimento foi fixado e emitido em uma previsível e taxa imutável. Haverá apenas 21 milhões de bitcoins, embora cada bitcoin pode ser dividida em 100 milhões de unidades, agora chamadas de satoshis.

Antes do Bitcoin, os ativos digitais não eram escassos. É fácil copiar um livro digital, arquivo de áudio ou vídeo e enviar para um amigo. A única exceção as opções para isso são ativos digitais controlados por intermediários. Por exemplo, ao alugar um filme no iTunes, você pode assisti-lo em seu dispositivo apenas porque o iTunes controla a entrega do filme e pode interrompê-lo após o término do seu período de locação. Da mesma forma, seu dinheiro digital é controlado pelo seu banco. É função do banco manter um registro de quanto de dinheiro que você tem, e se você o transferir para outra pessoa, ela pode autorizar ou negar tal transferência.

Bitcoin é a primeira rede digital que impõe escassez sem quaisquer intermediários e é o primeiro ativo conhecido pela humanidade cuja o fornecimento adequado e o cronograma de emissão são conhecidos com antecedência.

Nem mesmo metais preciosos como ouro têm essa propriedade, já que podemos sempre minerar mais e mais depósitos de ouro a uma taxa imprevisível e sem saber se é lucrativo fazer isso. Veremos como isso é aplicado mais tarde.

> "Os dados podiam ser protegidos de uma forma fisicamente impossível para outros acessos [...] É hora de termos o mesmo com o dinheiro."

Nossos sistemas atuais de proteção do dinheiro, como por exemplo, colocá-lo em um banco, faz com que confiemos em confiar em outra pessoa para fazer o trabalho. Confiar em tal intermediário não só requer confiança de que eles não farão algo malicioso ou que os hackers não vão roubá-lo, mas também que o governo não vai apreender ou congelar seus fundos. Ainda assim, foi demonstrado em todo o mundo, uma e outra vez, que os governos podem e fecham acesso ao dinheiro quando se sentem ameaçados.

Pode parecer bobagem para alguém que mora nos Estados Unidos, Europa ou ainda em outra economia altamente regulamentada, acordar pela manhã e ter o seu dinheiro confiscado. Como anedota, tive meus fundos congelados pelo PayPal simplesmente porque eu não usava minha conta há meses. Levei mais de uma semana para obter o acesso restaurado ao "meu" dinheiro. Tive sorte que na época eu morava em Lisboa e minha conta do PayPal era de um endereço nos Estados Unidos, um dos poucos países onde pelo menos eu poderia esperar buscar algum alívio se o PayPal congelasse meus fundos e onde tenho a confiança básica de que o governo americano e o banco (PayPal) não vão roubar meu dinheiro.

Coisas muito piores aconteceram, e estão acontecendo atualmente, em países com menos liberdade, como bancos fechando durante colapso da moeda na Grécia, bancos em Chipre usando resgates ao roubar fundos de seus clientes, ou o governo da Índia fazendo algumas ações contra os bancos, privando as pessoas de sua riqueza, causando corridas em máquinas ATM e pessoas famintas e morrendo devido à incapacidade de acessar seu capital.

A ex-URSS, onde um amigo meu cresceu, tinha um governo centralmente controlado e com a economia levando a uma escassez massiva de bens. Segundo ele "quando queríamos sair, só podíamos trocar uma quantia limitada de dinheiro por pessoa sob uma taxa de câmbio oficial controlada pelo governo que foi amplamente divorciada da verdadeira taxa de mercado livre."

Quando as economias começam a falhar em países autocráticos, eles tendem a implementar controles econômicos rígidos, evitando que as pessoas saiam por aí sacando seu dinheiro dos bancos, levando-o para fora do país, ou trocando-o por moedas ainda de maior valor, como o dólar americano no mercado livre.

Bitcoin fornece um sistema de segurança que não depende da confiança em um terceiro para proteger o seu dinheiro. Em vez disso, o Bitcoin faz com que as suas moedas sejam impossíveis para outros acessarem sem uma chave especial que só você possui, não importa por qual razão, não importa quão boa seja a desculpa, não importa o quê.

Bitcoin separa dinheiro e estado e, portanto, fornece um controle sobre hackers e ditadores, restaurando a liberdade de controle sobre a riqueza, e a liberdade para transportar sua riqueza através das fronteiras sem interferência.

```
    A solução do Bitcoin é usar uma rede
ponto a ponto para verificar se há gastos em
   dobro[...] como um servidor de carimbo de
    data / hora distribuído, carimbando a
    primeira transação a ser gasta uma moeda.
```

Uma rede simplesmente se refere à ideia de que um monte de computadores estão conectados e podem enviar mensagens entre si. A palavra distribuída significa que não há uma empresa ou entidade central no controle, mas sim que todos os participantes se coordenam para tornar a rede bem-sucedida.

Em um sistema sem controle central, é importante saber que ninguém está trapaceando. A ideia de gasto duplo refere - se à capacidade de gastar o mesmo dinheiro duas vezes. Satoshi está descrevendo que os participantes da rede Bitcoin trabalham em conjunto para registrarem a data e hora (colocar em ordem) as transações para que saibamos o que veio primeiro, a fim de evitar este equivalente digital seja emprestado para forjar dinheiro.

A invenção do Bitcoin resolveu uma série de problemas técnicos interessantes, principalmente veio a serviço de resolver as questões de privacidade, degradação e centralização de controle nos sistemas monetários atuais:

1. Como criar uma rede ponto a ponto que qualquer pessoa possa associe-se e participe voluntariamente.
2. Como um grupo de pessoas que não precisam revelar suas identidades ou confiar uns nos outros possam manter uma contabilidade compartilhada de valor, mesmo se alguns deles são desonestos.
3. Como criar uma verdadeira escassez digital sem um intermediário.
4. Como criar um ativo digital que é imperceptível, instantaneamente verificável e resistente a roubo e hacking.

CAPÍTULO 5 Removendo o Middleman

"A grande coisa neste mundo não é saber onde estamos, mas para que direção estamos indo."
Oliver Wendell Holmes

Nos capítulos anteriores, discutimos que o Bitcoin fornece um sistema de transferência de valor ponto a ponto. Antes de nos aprofundarmos em como isso funciona, vamos primeiro entender como um banco tradicional ou empresa de pagamento negocia com rastreamento de propriedade e transferências de ativos.

5.1 - Os bancos são apenas livros contábeis

Como funciona um pagamento digital feito por seu banco, PayPal ou ApplePay? Muito simplesmente, essas entidades intermediárias têm um livro-razão de contas e transferências.

Neste exemplo, diremos banco, mas realmente queremos dizer qualquer outra parte que processa pagamentos. Começamos com um livro de contas que mostra que Alice e Bob depositaram dinheiro no seu banco.

Livro razão do banco
1. Alice: Crédito para depósito em dinheiro + $ 2
2. Bob: Crédito para depósito em dinheiro + $ 10

Quando Alice deseja enviar $ 2 para Bob, ela liga para seu banco ou usa um site ou app móvel produzido por seu banco, autentica-se no banco usando um nome de usuário e senha ou código PIN e, em seguida, insere o pedido de transferência. O banco registra em seu livro-razão.

>Livro razão do banco
>1. Alice: Crédito para depósito em dinheiro + $ 2
>2. Bob: Crédito para depósito em dinheiro + $ 10
>3. Alice: Débito - $ 2
>4. Bob: Crédito + $ 2

Então, o banco registrou os novos débitos e créditos, e agora o dinheiro mudou de dono. Simples!

5.2 - O problema do duplo gasto

O que acontecerá se Alice tentar gastar esses dois dólares novamente? Este é chamado de problema de gasto duplo. Ela arquiva o pedido para o banco, mas o banco diz "Desculpe, vemos que você já gastou $ 2 ao enviá-los para pagar o Bob, você não tem mais dinheiro para enviar."

Quando você tem uma autoridade central como um banco, é muito fácil para o banco saber que você está tentando gastar o dinheiro que já gastou, e assim bloquear essa ação ou tentativa.

Isso porque eles são os únicos que podem modificar o livro-razão, e eles têm processos internos, incluindo sistemas de backup e auditorias por computadores e humanos para se certificarem de que tudo está correto e nada foi adulterado.

Chamamos isso de sistema centralizado porque possui um único ponto de controle.

5.3 - Vamos descentralizar o livro-razão

O primeiro problema que o Bitcoin visa resolver é a remoção de um intermediário, criando um sistema ponto a ponto. Vamos imaginar que os bancos desapareceram e precisamos recriar nosso sistema financeiro. Mas isso leva tempo, e não vamos criar um ponto central de controle. Como poderemos manter um livro razão sem qualquer ponto central?

Se não temos um "guarda-livros central", devemos pensar que agora nesse caso, o livro-razão pertence ao povo, pertence a todos. *Vive la révolution*. Veja como é possível fazermos isso:

Primeiro, vários de nós nos reunimos e criamos uma rede. Isso significa apenas que temos uma maneira de falar um com o outro. Digamos que trocamos números telefone ou contas do WhatsApp. Quando Alice deseja enviar dinheiro para Bob, em vez de ligar para o banco, ela conversa com todos os amigos e conta a eles: "Estou enviando $ 2 para Bob". Todos reconhecem esse diálogo, respondendo "legal, nós vamos anotar aqui", e escreve em sua própria cópia do livro-razão. A imagem agora se parece com isto:

Portanto, agora, em vez de um único livro razão que antes ficava em poder do banco, temos uma cópia do livro razão em cada uma das mãos. Cada vez que alguém quer gastar dinheiro, eles simplesmente têm que ligar ou bater um bate-papo para todos os seus amigos e informá-los que isso é o que está acontecendo. Todos registram as transações. Uma vez que o livro-razão não é mais físico, e não está mais em um só lugar, nós o chamamos de distribuído, e porque nenhum partido/entidade/empresa central é responsável, chamamos de descentralizado.

Como isso resolve o problema do gasto duplo? Bem, já que todos tem uma cópia do livro-razão, se Alice tentar voltar a gastar os $ 2 que ela já enviou para Bob, sua transação seria rejeitada por todos na rede, já que eles iriam consultar seus livros e dizer a ela que de acordo com seus registros, ela já gastou o dinheiro.

Agora temos uma rede ponto a ponto para a propriedade de gravação e transferências de fundos. Este sistema funciona muito bem entre um grupo de amigos que têm motivos sociais para não enganar uns aos outros, mas isso não escala para redes maiores de pessoas. À medida que mais e mais pessoas começam a usar o sistema, há um incentivo para trapacear para se dar dinheiro extra no livro-razão.

Como mantemos todos honestos?

5.4 - SEM CONFIANÇA E PERMISSÃO

Contanto que nosso livro-razão distribuído exija permissão para entrar, e nós podemos confiar que todas as partes sejam honestas, o sistema funciona. Mas este tipo de design não pode ser escalado para ser usado por milhões de pessoas em todo o mundo.

Os sistemas distribuídos feitos de participantes arbitrários são inerentemente irreparáveis e responsáveis.

Algumas pessoas podem ficar offline ocasionalmente. Isso significa que eles podem não "ouvir" sobre nossas transações quando as transmitimos. Outras podem estar tentando nos defraudar, dizendo que certas transações aconteceram ou não aconteceram. Novas pessoas podem entrar na rede e obter cópias conflitantes do livro-razão. Vamos dar uma olhada em como alguém pode tente trapacear.

5.5 - O Ataque de Gastos Dobrados

Se eu for a Alice nesse exemplo, posso conspirar com algumas das outras pessoas e dizer a eles:

"Quando eu gastar dinheiro, não o escreva em seus livros. Vamos fingir que o gosto nunca aconteceu."

Veja como Alice pode realizar um ataque de um gasto em dobro.

Começando com um saldo de $ 2, Alice faz o seguinte:

1. Ela manda seus $ 2 para Bob, para comprar uma barra de chocolate. Agora ela deveria ter $ 0 restantes.
2. David, Eva e Farrah estão em conluio com Alice e não escrevem a transação de Alice para Bob em seus livros. Em sua cópia, Alice nunca gastou seu dinheiro.
3. Charlotte é uma honesta guardiã do livro-razão. Ela observa a transação de Alice para Bob. Em seu livro-razão, Alice tem $ 0.

4. Henry estava de férias por uma semana e não ouviu falar de nenhuma dessas transações. Ele entra na rede e pede uma cópia do livro-razão.
5. Henry obtém 4 cópias falsas (David, Eve, Farrah, Alice) e uma cópia honesta (Charlotte). Como ele determina qual é real? Sem um sistema melhor, ele vai para o voto da maioria e é enganado em aceitar o livro-razão falso como o correto.
6. Alice compra uma barra de chocolate de Henry usando os $ 2 que ela realmente não tem. Henry aceita porque, pelo que sabe, Alice ainda tem $ 2 em sua conta (de acordo com o livro que ele obteve de todos os outros, menos da Charlotte).
7. Alice agora tem 2 barras de chocolate e $ 4 de dinheiro falso foram criados no sistema. Ela paga seus amigos em barras de chocolate, e eles repetem o ataque 100 vezes em cada nova pessoa que se junta à rede.
8. Alice agora está segurando todas as barras de chocolate e todo mundo está segurando grandes sacos de dinheiro falso.
9. Quando eles tentam gastar o dinheiro que Alice supostamente enviou eles, David, Eva e Farrah que controlam a maioria dos rede, rejeitam esses gastos porque eles sabem que o dinheiro é falso para começar.

Nós temos um problema. Isso é chamado de _falha de consenso_. As pessoas na rede não chegaram a um consenso sobre qual é o estado da realidade.

Não tendo um sistema melhor, eles seguiram a regra da maioria, o que levou a ter pessoas desonestas controlando a rede e gastando dinheiro que não tinham.

Se quisermos fazer um sistema sem permissão, onde qualquer um pode participar e fazer parte sem pedir, então também deve ser resiliente a atores desonestos.

5.6 - Resolvendo o problema de consenso distribuído

Agora vamos resolver um dos problemas mais difíceis da ciência da computação: consenso distribuído entre as partes, onde alguns são desonestos ou não confiáveis. Esse problema é conhecido como O Problema dos Generais Bizantinos e é a chave que Satoshi Nakamoto usou para desbloquear a invenção de Bitcoin. Vamos começar de forma simples.

O problema dos generais bizantinos trata sobre as armadilhas e desafios que existem ao tentar coordenar ações de comunicação dentro de uma rede cujos pares não são totalmente confiáveis. Foi proposto em 1982 por Marshall Pease, Robert Shostak e Leslie Lamport, e desde então virou um problema bastante visto em aulas de computação, e tido por muitos como algo sem solução.

Um breve resumo: o problema mostra uma situação hipotética de batalha, onde dois generais planejam atacar uma cidade. Cada um deles tem um exército acampado em uma montanha, tendo um vale separando os dois. Eles precisam trocar mensagens, mas a única forma de fazê-lo é através do vale – o qual está cercado de forças inimigas, sendo pouco provável que um mensageiro não seja capturado lá.

O problema em questão está em conseguir achar uma maneira de chegar a um consenso para resolver o problema.

Uma das soluções propostas é a de nomear um dos generais como líder, cabendo a este a responsabilidade de avisar o segundo general sobre a hora do ataque. O problema é conseguir chegar a um algoritmo que permita a ambos concluir, de forma correta e inequívoca, "vamos atacar na hora marcada!"

Um exemplo da falta de solução do problema é: o primeiro general pode começar enviando uma mensagem "Ataque às 09:00 em 4 de agosto." No entanto, uma vez enviada, o primeiro general não tem ideia se o mensageiro entregou ou não. Essa incerteza pode levar o primeiro general a hesitar a atacar, devido ao risco de ser o único atacante. Isso gera um problema que mesmo um número infinito de confirmações não conseguiria eliminar. Esse sempre foi o calcanhar de Aquiles das redes descentralizadas.

Até que, em 2008, surgiu uma certa tecnologia...

Voltando ao tema central, precisamos fazer com que várias pessoas concordem com as entradas no livro-razão sem saber quais contadores estiveram anotando todas as transações correta e honestamente.

Uma solução ingênua é simplesmente nomear guardadores honestos do livro-razão. Em vez de todo mundo escrevendo para o livro-razão, escolhemos alguns amigos como Charlotte, Gary, Frank e Zoe, porque eles não contam mentiras e todo mundo sabe que eles nunca festejam nos finais de semana. Portanto, toda vez que temos que fazer uma transação, em vez de dizer a todos os nossos amigos, apenas ligamos para Charlotte e sua gangue. Eles estão felizes em manter o livro-razão para nós por uma pequena taxa. Depois de escreverem no livro-razão, eles devem ligar para todos e informe-os sobre as novas entradas do livro-razão, que todo mundo ainda mantém como backup.

Este sistema funciona muito bem, exceto um dia, quando os agentes do governo se mostram e eles querem saber quem está administrando este sistema de sombra financeira. Eles prendem Charlotte e amigos e os levam embora, colocando o fim de nosso livro-razão distribuído. Todos nós temos backups não confiáveis, não podemos confiam uns nos outros e não conseguimos descobrir de quem o backup deve ser usado para iniciar um novo sistema.

Em vez de um desligamento total, o governo também pode ameaçar nossos guardiões do livro-razão discretamente com tempo de prisão se eles aceitarem transações para Alice (que é suspeita de vender drogas). O sistema agora está em vigor permanentemente sob controle central e não podemos chamá-lo de sem permissão não mais.

E se tentarmos a democracia? Vamos encontrar um grupo de 50 pessoas honestas e faremos eleições todos os dias para manter a rotação de quem escreve para o livro-razão. Todos na rede têm direito a voto.

Este sistema funciona muito bem até que as pessoas apareçam e usem violência ou coerção financeira para atingir os mesmos fins de antes:
1. Forçar o eleitorado a votar nos responsáveis pela contabilidade de seus escolhidos.
2. Forçar os mantenedores do livro-razão eleitos a escrever entradas falsas no livro-razão.

Nós temos um problema. Sempre que nomeamos pessoas específicas para manter o livro-razão, eles devem ser confiáveis para serem honestos, e não temos como defendê-los de serem coagidos por alguém a cometer atos desonestos e corrompendo assim nosso livro-razão.

5.7 - Identidade equivocada e ataques Sybil

Até agora, examinamos dois métodos fracassados de garantir a honestidade: um usando contadores específicos conhecidos, e o outro usado eleitores e elegendo guardiões rotativos do livro-razão. A falha de ambos os sistemas foi a base do nosso problema, a confiança estava ligada à identidade do mundo real: ainda tínhamos que identificar especificamente os indivíduos que seriam responsáveis por nosso livro-razão.

Sempre que assumimos confiança com base na identidade, nos abrimos para algo chamado *Ataque Sybil*. Este é basicamente um nome chique para essa representação; tem o nome de uma mulher com personalidade de múltiplo transtorno.

Você já recebeu uma mensagem estranha de um de seus amigos apenas para descobrir que seu telefone havia sido sequestrado por seu irmão/irmã? Quando tiver bilhões ou mesmo trilhões de dólares em jogo, as pessoas justificarão tudo, todos os tipos de violência para roubar aquele telefone e enviar aquela mensagem. Isto é imperativo que evitemos que as pessoas mantenham nosso livro-razão para nós, uma vez que serão coagidos de alguma forma. Como vamos fazer isso funcionar então?

5.8 - Vamos construir uma loteria

Se não quisermos a possibilidade de as pessoas serem comprometidas por ameaças de violência ou suborno, precisamos de um sistema com tantos participantes que seria impraticável para alguém os coagir. Deve ser o caso que qualquer pessoa poder participar de nosso sistema, e que não temos que introduzir através de qualquer tipo de votação, que está sujeito à coerção pela violência e compra de votos.

E se fizéssemos uma loteria onde escolhêssemos alguém aleatoriamente a cada vez que queríamos escrever no livro-razão? Aqui está nosso primeiro rascunho de design:

1. Qualquer pessoa no mundo pode participar. Dezenas de milhares de pessoas podem aderir à nossa rede de loteria e assim se tornar nossos contadores responsáveis pelo livro-razão.
2. Quando queremos enviar dinheiro, anunciamos para que todos coloquem na rede as transações que queremos realizar.
3. A cada dez minutos, selecionaremos um vencedor (como? Ainda não tenho certeza).
4. Quando selecionamos um vencedor, essa pessoa escreve para todos as transações sobre as quais eles acabaram de ouvir no livro-razão.
5. Se a pessoa escrever transações válidas (conforme considerado por todos os outros participantes da rede) no livro-razão, eles recebem uma taxa.

6. Todos mantêm uma cópia do livro-razão, adicionando as informações que o último vencedor da loteria produziu.
7. Usamos o intervalo de dez minutos para garantir que a maioria das pessoas atualizem seus livros-razão entre as corridas de loteria.

Este sistema é uma melhoria. É impraticável comprometer os participantes deste sistema porque é impossível saber quem será o próximo vencedor. Ainda assim, este sistema tem alguns problemas. Quais são eles?

5.9 - O sistema de loteria self-run

Este sistema de loteria, conforme projetado, tem dois problemas principais:

1. Quem vai vender os bilhetes para a loteria e escolher o número vencedor, se já tivermos determinado que não podemos ter nenhum tipo de partido central que pode ser comprometido administrando-o?
2. Como podemos garantir que o vencedor da loteria realmente grave boas transações no livro-razão, em vez de tentar enganar o resto de nós?

Se quisermos um sistema sem permissões ao qual qualquer pessoa possa aderir, temos que remover o requisito de confiança do sistema e tornar nosso sistema sem confiança. Temos que criar um sistema que tenha as seguintes propriedades:

1. Deve ser possível para todos gerar seu próprio bilhete de loteria, uma vez que não podemos confiar em uma autoridade central.
2. Deve ser fácil para todos os outros participantes verificarem se você ganhou na loteria apenas examinando seu bilhete, já que não podemos confiar em qualquer pessoa para manter um registro da combinação vencedora.
3. Devemos ter alguma forma de puni-lo se você ganhar na loteria, mas escreva transações inválidas no livro-razão, substituindo a confiança em pessoas específicas com confiança em incentivos e punições.

Vamos abordar um de cada vez. A explicação completa de como esses trabalhos de loteria é provavelmente a coisa mais difícil de entender sobre Bitcoin, então vamos dedicar uma parte desse livro para cobrir a solução em profundidade.

Sistemas de loteria centralizados padrão, como Powerball, são administrados por alguém gerando um conjunto aleatório de números e um monte de tickets com números aleatórios sobre eles. Apenas um bilhete tem os números combinando exatamente com o número aleatório secreto conhecido apenas pela organização que executa a Powerball. Uma vez que não podemos confiar na autoridade central, devemos permitir que qualquer um gere seus próprios números aleatórios.

Como iremos verificar o vencedor? Na Powerball, os proprietários da loteria sabem a combinação vencedora. Uma vez que não podemos ter isso em um sistema descentralizado, podemos, em vez disso, criar um sistema onde todos possam concordar com um intervalo numérico antes do tempo, e se o seu número aleatório cair dentro do intervalo, você ganha na loteria. Usaremos um truque criptográfico chamada função hash para fazer isso. Mais à frente iremos mergulhar em uma introdução leve ao hash.

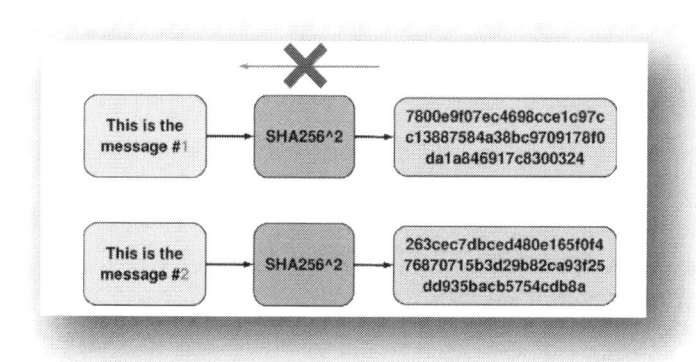

Finalmente, devemos encontrar uma maneira de puni-lo se você trapacear. Gerando números aleatórios, ou seja, bilhetes de loteria, são basicamente gratuitos. Como fazemos para que você realmente tenha que gastar dinheiro para comprar ingressos quando houver ninguém de quem você pode comprá-los? Faremos você comprá-los do universo gastando energia, um recurso escasso que não pode ser criado do nada. Também falaremos desse assunto um pouco mais à frente.

5.10 - Prova de trabalho: um quebra-cabeça assimétrico com uso intensivo de energia

A solução para esses três problemas é chamada de Prova de Trabalho. E foi realmente inventado muito antes do Bitcoin, em 1993.

Precisamos tornar caro "comprar bilhetes" para a loteria, caso contrário as pessoas poderiam gerar um número ilimitado de ingressos. O que é alguma coisa que é comprovadamente cara, mas não precisa vir de nenhum Autoridade central?

Eu mencionei física no início do livro, e é aqui que a física joga com o Bitcoin: a primeira lei da termodinâmica diz que a energia não pode ser criada nem destruída. Em outras palavras, não há algo como um almoço grátis quando se trata de energia. Eletricidade é sempre caro porque é um recurso escasso que custa dinheiro real. Você tem que comprá-lo dos produtores de energia, ou operar sua própria planta de energia. Em qualquer caso, você não pode obter algo do nada.

O conceito por trás da Prova de Trabalho é que você participa de um processo, semelhante a rolar um dado. Mas em vez de um dado de seis lados, este tem tantos lados quantos átomos no universo. Em ordem de lançar o dado e gerar números de loteria, seu computador deve realizar muitas operações, que custam caro em termos de eletricidade.

Para ganhar na loteria, você deve produzir um número especial que é mate-derivado automaticamente das transações que você deseja gravar no livro razão mais um número aleatório (vamos explicar os detalhes de como isso funciona logo mais à frente).

A fim de encontrar este número vencedor, você pode ter que lançar este dado bilhões, trilhões ou quatrilhões de vezes, queimando centenas ou milhares de dólares em energia. Uma vez que o processo é baseado em ness, é possível que todos gerem seus próprios bilhetes de loteria sem uma autoridade central usando basicamente apenas um número aleatório gerando um pedaço de software ou hardware e uma lista de transações que eles desejam escrever no livro razão.

Agora, embora você possa ter levado milhares de dólares para queimar energia suficiente para encontrar o número aleatório correto, a fim de todos os outros na rede para validar que você é um vencedor, eles precisam para realizar duas verificações básicas, saber se:

1. O número que você forneceu é menor ou maior do que a quantidade limite com o qual todos concordaram?
2. O número é de fato derivado matematicamente de um conjunto válido de transações que você deseja gravar no livro razão?

Isso torna o sistema de Prova de Trabalho assimétrico: é muito difícil gerar, mas muito fácil de validar.

Porque você queimou uma quantidade considerável de dinheiro jogando nessa loteria, você deseja que todos aceitem o seu bilhete de loteria premiado. Desse modo, você é incentivado a se comportar bem escrevendo apenas transações válidas no livro-razão.

Se você, por exemplo, tentar gastar dinheiro que já foi gasto, então o seu bilhete de loteria "vencedor" será rejeitado por todos os outros, e você perderá todo o dinheiro que gastou comprando a energia gasta para obter o seu bilhete. Por outro lado, se você gravar transações válidas no livro razão, vamos recompensá-lo em bitcoin para que possa pagar suas contas de energia e manter algum lucro.

O sistema de Prova de Trabalho tem uma propriedade importante, ela pertence ao mundo real e custa caro. Assim, se você quiser atacar a rede coagindo alguns de seus participantes, você não teria que apenas vir à casa deles e levar seus computadores, mas você também teria que pagar suas contas de luz.

Hoje, estima-se que a rede Bitcoin como um todo gaste mais energia nesta loteria do que alguns países de médio porte. É por isso que enganar a rede pode custar muito caro, e se manter na linha é muito lucrativo.

Como os participantes provam que queimaram essa energia? Vamos discutir como a Prova de Trabalho é validada do ponto de vista matemático a seguir.

5.11 - BITCOIN MATH

Antes de discutirmos como a Prova de Trabalho é validada, precisaremos de uma cartilha rápida de Ciência da Computação sobre dois conceitos: bits e hashing.

Hashing
O quebra-cabeça de prova de trabalho assimétrico do Bitcoin envolve o uso de uma função hash. Da álgebra básica, sabemos que uma função é uma caixa onde você coloca um valor de entrada x e você obterá um valor de saída $f(x)$.

Por exemplo, a função *f (x) = 2x* pega um valor e o multiplica por dois. Portanto, a entrada *x = 2* nos dá a saída *f (x) = 4*.

Uma função hash é uma função especial, onde você insere qualquer string de letras, números ou outros dados, como "Olá, mundo", e você obtém um número gigante de aparência aleatória:

11118117132582192426613293577574904584455 48904466436160011265843466335411502095

A função de hash particular que usei para hash "Olá, mundo" é uma chamada sha256 e é também a função que o Bitcoin usa.

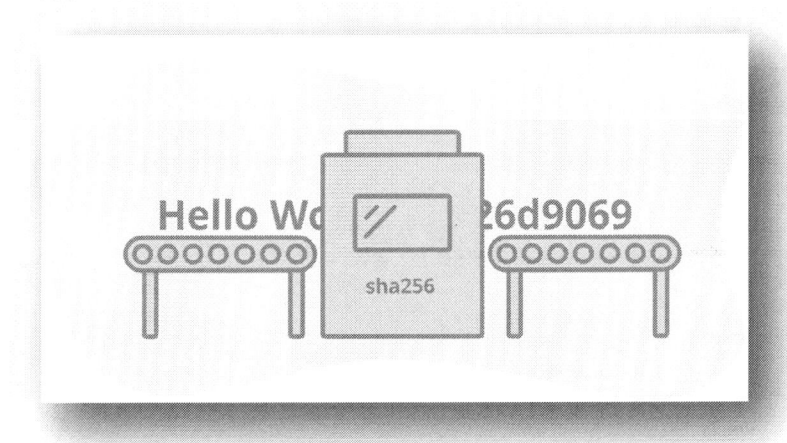

A função hash sha256 tem as seguintes propriedades que são úteis para nós:

1. A saída é determinística: você sempre obtém a mesma saída para a mesma entrada.

2. O resultado é imprevisível: alterar apenas uma letra ou adicionar um espaço para a string de entrada mudará drasticamente a saída, então tanto que você não consegue encontrar nenhuma correlação com a entrada original.
3. É rápido calcular o hash para dados de entrada de qualquer tamanho.
4. É basicamente impossível encontrar duas strings que hash para a mesma saída.
5. Dado o hash de saída de sha256, é impossível voltar na string de entrada. Chamamos isso de função unilateral.
6. A saída é sempre um tamanho específico (256 bits para sha256).

5.12 - Uma introdução rápida sobre bits

O sistema numérico que você conhece e adora, composto pelos números 0 a 9 é denominado decimal porque tem dez dígitos. Computadores, por outro lado, preferem um sistema numérico diferente feito de uns e zeros, indicando a presença ou ausência de um sinal elétrico. Este sistema numérico é chamado de binário.

No sistema decimal, você usa apenas os dígitos de 0 a 9. Se você usar apenas um dígito, você pode representar dez números diferentes, de 0 a 9. Se você usa dois dígitos, você pode representar 10 x 10 = 100 números diferentes: 00, 01,... a 99. Para três dígitos, você pode ter 10 x 10 x 10 = 1000 números: 000, 001,... a 999.

Espero que você esteja começando a ver um padrão. Para descobrir o quão grande é o número que podemos representar com N dígitos, multiplicamos dez por ele mesmo N vezes, em outras palavras, 10 N , ou 10 à potência de N.

O binário funciona da mesma maneira. A única coisa que muda é o número de dígitos que estão disponíveis para nós. Embora estejamos acostumados com o decimal com dez dígitos, um dígito binário ou bit só pode ter dois valores: zero e um.

Se 1 bit pode representar dois valores, então dois bits podem representar 4 valores: 00, 01, 10, 11. Você pode calcular isso multiplicando 2 x 2, pois cada dígito pode ter dois valores.

Três bits podem representar 2 x 2 x 2 = 2 3 = 8 valores, que são 000, 001, 010, 011, 100, 101, 110, 111.

Portanto, um número binário de N bits pode representar 2 N valores diferentes.

Portanto, o número de valores únicos que você pode representar com 256 bits, o tamanho da função de hash sha256, é 2 256. Isso é um número gigante, um número quase inconcebível. Representado em decimal, este número possui 78 dígitos de comprimento. Para colocar isso em perspectiva, está no mesmo estado que o número estimado de átomos no universo conhecido.

2 256 = 115.792.089.237.316.195.423.570.985.008.687.907, 853.269.984.665.640.564.039.457.584.007.913.129.639.936

Este é o número de saídas possíveis quando você usa um hash qualquer, uma string com função hash sha256. Assim, é efetivamente impossível prever o que o número produzido por esta função será semelhante. Seria como prever 256 lançamentos de moeda em sequência, ou adivinhar a localização de um átomo que escolhi em algum lugar do universo.

Este número é muito longo para continuar escrevendo, então diremos apenas 2 256 de agora em diante, mas espero que isso desencadeie uma imagem mental de um universo de possibilidades para você.

5.13 - Vamos fazer hash de algumas strings

Aqui estão algumas strings de exemplo e seus hashes sha256. Eu mostrei sua saída como números decimais, embora dentro de um computador estes apareceriam como uma string binária de uns e zeros.

O objetivo aqui é demonstrar quão drasticamente o número de mudanças com base em uma pequena mudança na string de entrada. Você não pode prever a saída produzida pela função hash com base no que você colocou a fim disso:

"Olá Mundo!"
52740724284578854442640185928423074974
81806529570658746454048816174655413720

"Olá Mundo!!"
95863319874939535731602344194643497258 3
74513872780665335270495834770720452323

Não há como ninguém, nem mesmo um computador, olhar para o resultado numérico de aparência aleatória e descobrir a string que o criou. Se vocês querem jogar com sha256, há lugares online onde você pode tentar criar strings online.

5.14 - Hashing para ganhar na loteria de prova de trabalho

Tudo bem, agora estamos prontos para falar sobre a parte principal da magia. Como eu disse existem 2 256 valores de saída de sha256 possíveis no total. Para tornar mais fácil entender, vamos fingir que há apenas um total de 1000 possíveis saídas hash.

O sistema de loteria funciona assim:
1. Alice anuncia que deseja enviar $ 2 para Bob.
2. Todos que jogam na loteria fazem esta transação "Alice Dá $ 2 para Bob ", adicionando um número aleatório chamado *nonce* (número usado apenas uma vez) no final. Isso é para ter certeza de que eles estão fazendo hash, e esse hash é diferente de qualquer outra pessoa, ajudando-os a encontre um número vencedor da loteria.
3. Se esse número for menor do que o número alvo (chegaremos a isso em um segundo), eles ganham na loteria.
4. Se o número que eles obtiverem for maior do que o número alvo, então eles devem fazer um novo hash e fazer a mesma coisa novamente, adicionando *nonces* aleatórios: "Alice Dá $ 2 para Bob *nonce* = 12345 ", depois" Alice dá $ 2 para Bob *nonce* = 92435 ", então" Alice dá $ 2 para Bob nonce = 132849012348092134 ", e assim por

diante, até que o hash resultante seja um número que venha a ser menor do que o número de destino.

Pode levar muitas, muitas tentativas para encontrar um hash que seja menor que o número alvo. Portanto, a ideia aqui é esta: se houver 1000 hashes possíveis, e definimos o número alvo para 100, então qual porcentagem de hashes estão sob o alvo?

Esta é a matemática básica: de 1000 números possíveis, de zero a 999, existem 100 números que são menores que 100 e 900 números que são maiores. Portanto, 100/1000 ou 10% dos hashes são menores que o destino.

Então, se você fizer hash de qualquer string e sua função hash produzir 1000 saídas diferentes, então você espera obter um hash que está sob a Meta de 100 em cerca de 10% do tempo.

É assim que a loteria funciona: estabelecemos uma Meta e todos concordamos com o Alvo (falaremos sobre como isso funciona em breve). Então todos nós pegamos as transações sobre as quais as pessoas têm nos contado e fazemos hash, adicionando um *nonce* aleatório no final. Uma vez que alguém encontra um hash que é o alvo, nós o anunciamos para todos na rede:

Olá a todos:
Fiz as transações: "Alice Envia $ 2 para Bob, Charlotte Envia $ 5 para Alice ".
Eu adicionei o *nonce* "32895".
O resultado foi um hash de saída de 42, que é menor que a Meta de 100.

Aqui está minha prova de trabalho: os dados da transação, o *nonce* I usado e o hash que foi produzido com base nessas entradas.

Agora eu poderia ter levado bilhões de tentativas de hashing para chegar lá, queimando milhares de dólares de energia, mas todos podem imediatamente validar que fiz certo porque eles podem fazer o hash em uma tentativa desde que eu tenha dado a eles a entrada e a saída esperada. Lembre-se, hashes são impossíveis de reverter, mas fáceis de calcular!

Como isso se liga à queima de energia? Bem, como eu já disse o conjunto de todos os hashes possíveis são, na verdade, um número gigante que é quase tão grande quanto o número de átomos no universo. Agora podemos definir a meta como baixa de modo que apenas uma pequena fração dos hashes são válidos. Isso significa que qualquer um quem quiser encontrar um hash válido terá que gastar uma grande quantidade de tempo de computação e, portanto, eletricidade, para encontrar um número hash menor do que nosso alvo.

Quanto menor o alvo, mais tentativas serão necessárias para encontrar um número que funciona. Quanto maior o alvo, mais rápido podemos encontrar um hash vencedor.

5.15 - MINERAÇÃO

Agora estamos prontos para ver como a Loteria de Provas de Trabalho em Bitcoin realmente funciona:

1. Qualquer pessoa no mundo que queira participar, junta-se ao Bitcoin rede conectando seu computador e ouvindo transações.
2. Alice anuncia sua intenção de enviar algumas moedas para Bob. Os computadores na rede fofocam uns com os outros para espalhar esta transação para todos na rede.
3. Todos os computadores que desejam participar do sorteio começam a fazer hashing das transações sobre as quais eles ouviram, anexando *nonces* aleatórios para a transação e execução de funções de hash sha256.
4. O primeiro computador a encontrar um número hash menor que o atual, O número alvo, ganha na loteria.
5. Este computador anuncia o número vencedor que eles encontraram, bem como a entrada (transações e *nonce*) que costumavam produzi-lo. Pode ter levado horas para chegar lá, ou uns poucos minutos. Essas informações em conjunto (transações, *nonce* e o hash da Prova de Trabalho) é chamado de bloco.
6. Todos os outros validam o bloco, verificando se as transações no bloco junto com o *nonce* realmente hash para o que foi alegado, que o hash é de fato menor do que o número do alvo, e que o bloco não contenha nenhuma transação inválida, e que o histórico dentro delas não tenha qualquer conflito com os blocos anteriores.
7. Todos escrevem o bloco em sua cópia do livro-razão, anexando-o à cadeia de blocos existente, produzindo um blockchain.

É isso. Produzimos nosso primeiro bloco e nossa primeira entrada em nosso livro-razão. O processo de jogar na loteria como Prova de Trabalho para ganhar acesso e escrever no livro razão do Bitcoin é conhecido popularmente como *mineração*.

5.16 - Como os novos Bitcoins são criados?

Até agora, discutimos como Alice pode enviar $ 2 para Bob. Vamos parar de ficar falando sobre dólares agora, porque o Bitcoin não sabe de nada sobre dólares. O que temos são os próprios bitcoins - unidades digitais que representam valor na rede Bitcoin.

Para revisitar nosso exemplo, o que realmente está acontecendo é que Alice está enviando 2 bitcoins para Bob, anunciando que ela está movendo o bitcoin que está registrada em sua "conta" para a "conta" do Bob. Alguém então ganha a Loteria da Prova de Trabalho, e escreve sua transação no livro-razão.

Mas onde Alice conseguiu esses 2 bitcoins para começar? Como o bitcoin começa, e como alguém adquiriu Bitcoin antes de haver lugares para comprá-lo em moeda fiduciária tradicional, como o dólar americano ou a Libra esterlina?

Acontece que o processo de mineração de bitcoin, que é o processo de jogar na loteria da Prova de Trabalho e obter direitos de acesso ao livro-razão, é exatamente o que produz Bitcoin. Quando você encontrar um bloco válido (por estar queimando uma grande quantidade de energia e encontrando um número que vence a loteria), você pode escrever todas as transações sobre as quais ouviu falar nesse Bloco e, portanto, no livro-razão.

Mas você também pode escrever uma transação adicional muito especial, chamada de _transação coinbase_ no livro razão. Esta transação basicamente diz: "12.5 Bitcoins foram cunhados e doados à Mary, a Mineira para compensá-la por gastar toda aquela energia para minerar este bloco."

5.17 - A recompensa do bloco

Assim, a pessoa que ganha na loteria pode dar a si mesma alguns novos Bitcoins cunhados. Por que é 12,5 Bitcoin e não 1000? Por que ela não pode trapacear o sistema e dar a si mesma qualquer quantia? Aqui está a parte principal: Bitcoin é um sistema de consenso distribuído. Isso significa que todos têm que concordar o que é válido.

Se Mary extrair um bloco e decidir se dar algo extra, o computador de todos os outros rejeitará este bloco como inválido, porque dentro do software cliente Bitcoin que todos estão executando, há um pedaço de código que diz "a recompensa do bloco atual é exatamente 12,5 bitcoin. Se você vir um bloco que concede a alguém mais do que isso, não aceite."

Se Mary tentar trapacear e produzir um bloco inválido, o bloco não será escrito no livro-razão de qualquer pessoa, e em vez disso, ela simplesmente terá desperdiçado seus dólares em eletricidade, produzindo algo que ninguém quer – uma falsificação.

O primeiro bloco minerado foi minado por Satoshi. O código fonte está aberto - isso significa que qualquer pessoa pode dar uma olhada em como funciona e validar em que nada de suspeito está acontecendo sob o capô. Até Satoshi teve que executar cálculos e jogar na loteria da Prova de Trabalho para extrair o primeiro bloco.

No início, a recompensa por bloco era de 50 bitcoins, então foi assim que Satoshi foi recompensado por minerar o primeiro bloco, assim como as outras pessoas que se juntou à rede nos primeiros dias e extraiu os primeiros blocos.

O código Bitcoin impõe um bloco de recompensa reduzindo pela metade aproximadamente a cada quatro anos. Isso é baseado no número de blocos minerados, ao invés da passagem do tempo, mas eles são quase os mesmos devido aos blocos sendo produzido aproximadamente a cada dez minutos.

O Block Reward em 2008 foi de 50, em 2012 foi de 25, em 2016 foi de 12,5. Em 15 de janeiro de 2019 - houve 558.688 blocos minerados desde o início da história do Bitcoin, e a recompensa é de 12,5 bitcoin por bloco.

Tivemos 71.312 blocos aproximadamente no final de maio de 2020, a recompensa foi reduzida para 6,25 Bitcoin por bloco, levando a um fornecimento anual com taxa de aumento de aproximadamente 1,8%. Uma década depois, seguindo a recompensa pela metade, mais de 99% de todo o Bitcoin terá sido extraído e menos de 1 bitcoin será produzido por bloco.

Eventualmente, por volta do ano 2140, a recompensa em bloco irá inteiramente embora, e os mineiros serão incentivados apenas por taxas pagas por aqueles que realizarem as transações.

Esses números de emissão e bloqueio de recompensa são aplicados no código Bitcoin - que, para reinterar, é totalmente de código aberto e pode ser validado por qualquer pessoa - dependendo de quanto tempo estamos no histórico de Bitcoin's, a produção de um bloco que não segue essas regras levará você para a fileira dos rejeitados por todos os outros que estão verificando as mesmas regras escritas em seu código.

5.18 - Controlando a Emissão e Intervalo de Mineração

A mineração requer hardware de computação e eletricidade, portanto, quanto mais hardware e eletricidade que você controla, é mais provável que você encontre o número vencedor mais rápido do que outras pessoas. Por exemplo, se houver 100 computadores igualmente alimentados na rede, e você controla 10 de eles, então você encontrará o bloco vencedor aproximadamente 10% do Tempo. No entanto, a mineração é um processo baseado no acaso e aleatoriedade, então é possível que horas ou mesmo dias passem sem você nunca encontrando um bloco.

Sabemos da seção anterior que os mineiros não podem simplesmente conceder a si mesmos recompensas arbitrárias de blocos, ou seriam rejeitadas pelos outros nós.

Mas e se eles queimarem muita energia para acelerar a mineração blocos e colocar as mãos em um monte de bitcoins, violando os restrição de projeto de que o cronograma de emissão deve ser conhecido em avançar?

Vamos novamente ao exemplo de haver apenas 1000 hashes possíveis e nosso número alvo sendo 100. Isso significa que 10% do tempo nós iremos encontrar um número menor que 100 e assim encontrar um bloco.

Digamos que leve 1 segundo para calcular cada hash. Se a cada segundo nós "Rolarmos nosso dado" por hash das transações atuais e aleatória, e 10% das vezes atingiremos um número menor do que o alvo, então esperamos que leve cerca de 10 segundos em média para encontrar um hash válido.

O que acontece se dois computadores estiverem jogando na loteria? Eles estão fazendo hashing duas vezes mais rápido, então esperamos que um hash válido seja encontrado dentro de 5 segundos. E se 10 computadores estiverem jogando? Um deles encontrará um hash válido aproximadamente a cada segundo.

Isso cria um problema: se mais pessoas estão minerando, então os blocos serão. produzido muito rapidamente. Isso tem dois resultados que não queremos:

1. Isso interfere na ideia de ter uma emissão predeterminada do cronograma. Queremos um número relativamente consistente de bitcoin por hora a ser emitido, a fim de garantir que emitimos todos os até o ano 2140, e não antes disso.

2. Isso cria problemas de rede: se os blocos são extraídos tão rapidamente que eles não têm tempo para alcançar toda a rede antes do o próximo é minado, então não podemos chegar a um consenso sobre uma história linear de transações, uma vez que vários mineiros podem incluir a mesma transação em seus blocos, levando em conta que os blocos estão sendo inválidos porque contêm transações que foram gastas em outros blocos.

E se menos pessoas estão minerando, criamos o problema oposto:
1. Bitcoins estão sendo emitidos muito lentamente, novamente interferindo com emissão.
2. O blockchain pode ficar inutilizável enquanto as pessoas esperam horas, dias, etc, para obter uma transação gravada no livro razão.

O número total de hashes por segundo realizados por todos os mineiros de a rede Bitcoin é conhecida como taxa de hash .

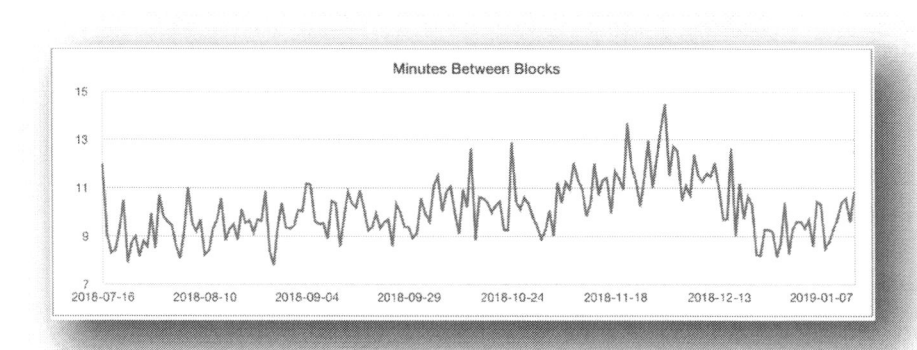

5.19 - Ajustes da dificuldade: concordando com a meta

Como podemos tornar mais difícil encontrar hashes válidos se mais jogadores entrarem na loteria e mais fácil se os jogadores saírem da loteria, a fim de manter os tempos de emissão e bloqueio estáveis?

Bitcoin resolve esse problema com um ajuste de dificuldade de mineração. Porque todos estão executando o mesmo código, que impõe as mesmas regras, e todo mundo tem uma cópia de todo o histórico de blocos até este ponto, todos podem calcular independentemente o quão rápido os blocos estão sendo produzido.

Cada vez que produzimos blocos de 2016, o que é aproximadamente equivalente a dois semanas, olhamos para trás e descobrimos quanto tempo levamos para produzir esses blocos e, em seguida, ajustar nosso Número de destino para acelerar ou diminuir a produção de blocos.

Todo mundo pega os últimos blocos de 2016 e os divide pelo tempo que eles levaram a produzir para criar uma média. Chegou a mais de dez minutos? Estamos indo muito devagar. Demorou menos de dez minutos? Estamos indo muito rápido.

Agora podemos fazer um ajuste no Número Alvo para que seja aumentado ou diminuído proporcionalmente a quanto mais rápido ou mais lento queremos para ir com base no intervalo de 10 minutos que está escrito no código aberto.

Código fonte.

Podemos aumentar o número alvo para um número maior, criando um maior espaço de hashes válidos, dando aos mineiros uma chance maior de encontrar um vencedor hash, gastando menos energia. Isso é chamado de diminuir a dificuldade.

Alternativamente, podemos diminuir o número de destino para que menos hashes sejam válidos e os mineiros gastam mais energia para encontrar um hash válido. Isso é chamado de aumentar a dificuldade.

Isso também significa que para qualquer bloco, com base em quantos blocos têm vem antes dele (a altura do bloco), sabemos exatamente que o Número alvo é. Isso nos permite saber o limite mágico sob o qual o número de hash da Prova de Trabalho deve cair para um bilhete de loteria vencedor para esse bloco específico.

Isso é brilhante - não precisamos mais de um partido central para nos dizer nada.

Tudo o que precisamos fazer é verificar por nós mesmos qual deve ser o alvo e se a prova de trabalho reivindicada por um bilhete de loteria é um vencedor número que está abaixo do alvo.

O gráfico abaixo mostra a taxa de hash como uma linha e a dificuldade como barras ao longo do tempo. A dificuldade parece uma escada porque é ajustada em incrementos de bloco de 2016. Você pode ver que toda vez que a taxa de hash sobe acima da dificuldade, a dificuldade aumenta para alcançar a taxa de hash. Quando a taxa de hash cai, como aconteceu entre outubro-dezembro de 2018, a dificuldade diminui. O ajuste de dificuldade sempre fica atrás do que quer que a taxa de hash faça.

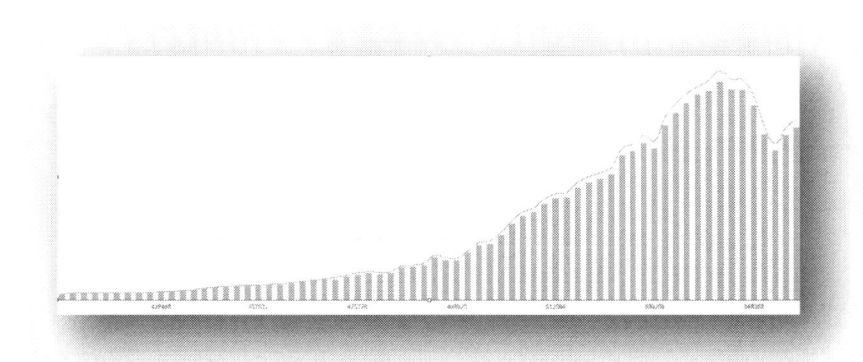

Taxa de hash vs. dificuldade

Como há um atraso de bloco de 2016 para ajuste de dificuldade, é possível para picos massivos de aumento ou redução na taxa de hash para mais ou menos produção Bitcoin durante o período de bloqueio de 2016 e viola ligeiramente a emissão cronograma. Na verdade, estamos correndo um pouco mais rápido agora, em comparação com a meta original de emissão de acabamento em 2140. Desde a adição de tipi de taxa de hash significa produzir uma grande quantidade de novo hardware, isso é rela- muito incomum e não afeta muito as coisas, e esperamos que provavelmente ainda no futuro.

Quase concluímos a invenção de todo o Bitcoin:
1. Substituiu um banco central por um razão distribuído.
2. Instituiu um sistema de loteria para selecionar quem escreve no livro-razão.

3. Os participantes da loteria são forçados a queimar energia para comprar bilhetes hashing, e tornou mais fácil para todos verificarem os bilhetes vencedores, simplesmente verificando os números hash produzidos pelos jogadores.

4. Disse aos jogadores de loteria que se eles não jogassem de acordo com as regras, rejeitaríamos seus blocos, incluindo suas transações de base monetária, essas regras serviriam para que eles não fossem pagos quando ganhassem, criando assim um desincentivo econômico para quem trapacear e um incentivo econômico para jogar de acordo com as regras.

5. Controlou o tempo e a seleção de Alvo para a loteria, permitindo que todos calculassem por si mesmos qual Alvo deveria ser atingido, tudo baseado em regras codificadas e no histórico dos últimos blocos de 2016

6. Aplicou o cronograma de emissão usando ajustes de dificuldade que se ajustam ao aumento ou diminuição da taxa de hash.

7. Uso de código-fonte aberto para garantir que todos pudessem verificar por si mesmos se estavam aplicando as mesmas regras em relação à validade da transação, recompensa do bloco e cálculo de dificuldade.

Não há mais uma entidade central. Temos um sistema totalmente distribuído e descentralizado. Qualquer um pode participar. Qualquer um pode jogar na loteria e extrair bitcoins para si mesmo. Qualquer um pode gastar. A produção honesta de blocos é validada por toda a rede e recompensada com uma transação de base monetária que paga ao minerador, ou punida por falta de recompensa e o minerador ter gasto energia na mineração.

Quase temos a imagem completa. Resta um problema. Quando alguém se junta à rede e pede cópias do livro-razão, eles podem obter diferentes históricos do livro-razão de nós diferentes. Como reforçamos uma história única e linear e como podemos evitar que os mineiros reescrevam o passado??

CAPÍTULO 6 Protegendo as nossas moedas

"Sonhos determinam o que você quer.
Ação determina o que você conquista."
Aldo Novak

Até agora, falamos sobre como gerenciamos e mantemos cópias e gravamos as informações em um livro-razão distribuído sem permitir coerção ou corrupção. Mas o que acontece quando um ganhador da loteria quer ser um trapaceiro? Ganhar o direito de escrever em nosso livro-razão significa que eles podem alterar lançamentos históricos no livro-razão? Eve, Dave e Farrah podem conspirar para reescrever a história ou alterar os saldos das contas e dar a si mesmos bitcoins extras?

Entre no blockchain. Um termo de marketing que permeou grande parte do setor de tecnologia, o blockchain nada mais é do que a ideia de que os blocos de Bitcoin são encadeados para fornecer links de um conjunto de transações para o próximo.

Eu menti um pouco no capítulo anterior para manter as coisas um pouco mais simples. Quando você minera bitcoins jogando na loteria para realizar a Prova de Trabalho, você não está apenas fazendo o hash das transações que querem ir para o próximo bloco junto com o nonce. Na verdade, você também está fornecendo o hash do bloco que veio antes do seu como entrada em sua função de hash, vinculando assim seu bloco ao bloco anterior.

Isso nos permite construir um registro histórico de cada quarteirão até o. primeiro Bloco Genesis extraído por Satoshi. Quando escrevemos um novo bloco na cadeia, temos que validar que este bloco não contém nenhuma das transações que gastam bitcoins que já foram gastos anteriormente em outros blocos.

Lembre-se de que a saída de uma função hash é aleatória e dependente de toda a entrada de dados nele. Agora modificamos nossos hashes de bloco para incluem três entradas diferentes:

1. As transações que queremos comprometer no livro-razão
2. Um nonce aleatório
3. O hash do bloco anterior que estamos usando como base de nossa história do livro-razão

Se qualquer uma dessas três coisas mudar, o hash de saída muda em uma forma imprevisível e drástica. Este comportamento cria uma interessante propriedade: se você adulterar dados em qualquer bloco antigo, você mudará seu cerquilha. Se você alterar o hash de qualquer bloco antigo, você alterará o hash de cada bloco que vem depois.

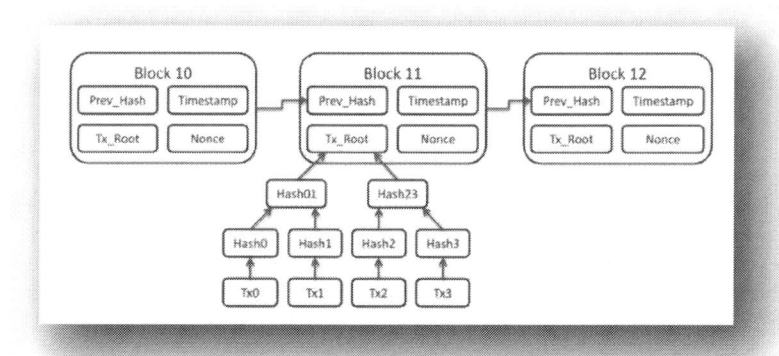

Isso torna a corrente evidente. Se alguém tentasse alterar um bloco mais antigo na cadeia, teria que recalcular o hash da Prova de Trabalho do bloco que está adulterando e de cada bloco que vier depois.

Efetivamente, cada novo bloco extraído em Bitcoin aumenta a segurança dos blocos que vieram antes dele. Uma transação em um bloco soterrado sob 6 blocos é considerada tão boa quanto gravada na pedra. Seria necessária uma enorme quantidade de energia para recalcular os últimos seis blocos na taxa de hash total de hoje. Um com 100 blocos de profundidade? Esqueça isso.

É importante entender que não há finalização de transação real no Bitcoin. Cada comerciante ou processador de pagamentos decide por si mesmo o que considera final. Hoje, a maioria das pessoas aceita 6 confirmações - seis blocos extraídos sobre o que contém uma transação - como final, mas os comerciantes podem definir isso como quiserem.

Se você está vendendo um livro digital que tem custo marginal para você como comerciante, pode querer apenas 1 confirmação, ou até mesmo zero confirmações, entregando o bem digital assim que vir a transmissão da transação na rede. Se você está vendendo uma casa, talvez queira esperar por doze confirmações, ou cerca de duas horas de mineração. Quanto mais você espera, mais Provas de Trabalho são empilhadas no topo do bloco que contém suas transações e mais caro no mundo real se torna a reversão da transação.

Se a taxa de hash do Bitcoin cair significativamente, o que significa que menos energia está protegendo cada bloco, pode-se sempre aumentar o número de confirmações necessárias para a liquidação final. Embora isso possa parecer desconcertante no início, é importante ter em mente que as transações com cartão de crédito podem ser revertidas 120 dias após serem feitas. Por outro lado, o Bitcoin é um dinheiro de liquidação final que não pode ser retirado de você, como dinheiro ou ouro. Deste ponto de vista, a reversibilidade e a finalidade das transações Bitcoin é, na verdade, uma grande melhoria em relação à maioria das redes de pagamento tradicionais.

Vamos voltar ao nosso exemplo do Capítulo 5, onde Henry se junta a uma rede e obtém diferentes cópias do livro razão. O livro-razão que ele obtém de Charlotte é honesto, mas os livros-razão de Eve, Dave e Farrah são maliciosos, onde eles excluíram um bloco antigo que continham os gastos originais de Alice para que eles pudessem enganar Henry e fazê-lo pensar que ela ainda tinha suas moedas. Antes de vincular os blocos entre si por Prova de Trabalho, Henry não sabia que um bloco antigo foi excluído.

Como cada bloco contém a Prova de Trabalho, ele sabe aproximadamente quanta energia foi queimada para produzi-lo com base no Número Alvo. Como cada bloco aponta para um bloco anterior, ele sabe que para alterar o histórico de um bloco antigo seria necessário recalcular a Prova de Trabalho não apenas do bloco adulterado, mas de cada bloco que veio depois dele. Como ele pode ver todas as transações em cada bloco, ele pode garantir que nenhum gasto duplo foi feito.

Ao contrário da mineração de ouro, que também queima energia, o processo de Bitcoin a mineração realmente protege a rede para tornar o livro-razão à prova de adulteração.

6.1 - E se duas pessoas encontrarem um bloqueio ao mesmo tempo?

Falta uma peça no sistema de consenso. Imagine que agora estejamos administrando uma rede mundial. Pessoas em todo o mundo, do Brasil à China, estão conectadas a essa rede global e todas estão jogando na loteria de mineração da Prova de Trabalho.

Alguém em Manaus encontra um bloco válido. Eles o anunciam na rede e todos os computadores da América do Sul começam a detectá-lo. Enquanto isso, alguém em Xangai também encontra um bloco a poucos segundos do bloco de Manaus. Seus vizinhos ainda não ouviram falar do bloco brasileiro, então eles ouvem primeiro sobre o bloco chinês.

Como os dois blocos se propagam através de nós vizinhos na rede, agora temos duas versões concorrentes do blockchain. Os brasileiros têm um que tem o bloco brasileiro no final, e os chineses têm o seu próprio bloco. A rede é dividida em qual blockchain é a cópia correta do livro razão, uma vez que ambos contêm quantidades equivalentes de Prova de Trabalho e ambos contêm transações válidas.

Você não pode confiar em nenhuma entidade central para lhe dizer qual deles ganhará essa disputa. O que você faz? Bitcoin fornece uma solução simples aqui: vamos apenas esperar para ver. Existem agora duas versões concorrentes do blockchain. No próximo período de aproximadamente dez minutos, outro bloco será minado. Os brasileiros estarão minerando no topo do bloco de que ouviram falar pela primeira vez, e os chineses estarão minerando no topo de seu bloco.

Qualquer que seja o lado minado, o próximo bloco vencerá. Como? Porque no código Bitcoin há uma regra que diz que a cadeia de Prova de Trabalho Cumulativa Mais Longa resolve qualquer divisão da cadeia. Quem gasta mais energia vence. A regra de resolução de inconsistências entre cadeias com base em sua Prova de Trabalho cumulativa total agora é chamada de Consenso de Nakamoto, em homenagem a Satoshi Nakamoto.

Digamos que os chineses minem o próximo bloco. A rede deles está agora um bloco à frente do bloco brasileiro. Quando eles divulgarem essa descoberta, os nós de bitcoin brasileiros reconhecerão que os nós chineses produziram uma cadeia de Prova de Trabalho cumulativa mais longa e se organizarão (ou "reorganizarão"). Isso significa que eles vão jogar fora o bloco que mineraram em favor dos dois chineses. O bloco brasileiro agora é chamado de órfão. Uma vez que foi rejeitado, significa que o mineiro que o extraiu não foi recompensado.

Você pode notar que, embora eu tenha me referido aos nós como brasileiros e chineses, na realidade os nós não sabem nada sobre a identidade uns dos outros, localização geográfica e assim por diante. A única prova de validade de que precisam é que alguém tenha a cadeia de Prova de Trabalho Cumulativa Mais Longa e que as transações na cadeia sejam todas válidas (não gastos em dobro, etc.).

A probabilidade dessa divisão da cadeia é muito baixa - costumava acontecer uma vez por mês ou menos, mas recentemente não aconteceu muito devido a melhorias na tecnologia de propagação de bloco e conectividade de rede entre as mineradoras.

Parte do motivo pelo qual o Bitcoin produz blocos relativamente pequenos a cada dez minutos é para garantir que os órfãos sejam extremamente raros. A outra razão é manter os requisitos de hardware para executar um nó relativamente baixos para encorajar mais nós no sistema.

Se nós produzíssemos blocos a cada segundo ou tivéssemos blocos muito grandes, teríamos uma probabilidade muito alta de que os blocos brasileiros e chineses entrariam em conflito porque eles estão geograficamente distantes e levam mais tempo para se alcançarem. Se órfãos acontecessem com muita frequência, a cadeia de blocos se desfaria porque haveria órfãos de outros órfãos e os nós não seríamos capazes de concordar sobre um histórico linear de transações.

Um nó Bitcoin só precisa se conectar a um outro nó honesto que tenha o blockchain mais recente na rede para evitar ser enganado por invasores que podem fornecer informações falsas. Os nós constantemente fofocam uns com os outros para garantir que tenham os blocos mais recentes. Se o seu nó quiser saber qual cópia do blockchain é verdadeira, ele só precisa procurar a cadeia com a Prova de Trabalho mais cumulativa. Como todas as outras pessoas também estão seguindo esta regra, já codificada no software, isso garante que haja consenso sobre qual é o verdadeiro estado do livro razão.

É extremamente difícil, portanto, para hackers mal-intencionados fornecer a um nó uma cópia falsa do blockchain, pois isso exigiria cortar a conexão desse nó com qualquer outro nó honesto e conectá-lo apenas a nós malignos.

Embora a bifurcação normalmente aconteça devido ao acaso e atrasos de propagação de bloqueio, em vez de malícia, também é possível que uma entidade maliciosa que deseja controlar o que vai para o próximo bloco possa tirar vantagem do Consenso de Nakamoto, controlando mais de 50% do total taxa de hash da rede e produzindo a mais longa cadeia de Prova de Trabalho Cumulativa. Discutiremos os detalhes desse chamado "ataque de 51%" um pouco mais à frente.

6.2 - Segurança e o valor em dólar do Bitcoin

Determinamos que o Bitcoin recalcula automaticamente a dificuldade com base no número de jogadores da loteria, ou seja, os mineiros gastam energia com o hash. É aqui que o mundo real começa a tocar nosso mundo digital. O preço do Bitcoin, o preço do hardware e da energia e o valor da dificuldade criam ciclos de feedback complexos:

1. Os mineiros produzem bitcoin gastando dinheiro em energia porque acham que ela terá algum valor.
2. Os especuladores compram bitcoin porque acham que ele está subindo, elevando o preço para X $.
3. Os mineiros gastam até X $ de energia e hardware para tentar extrair um bitcoin.
4. Uma alta demanda dos compradores e um aumento no preço leva mais mineradores a minerar bitcoin.
5. Mais mineradores significa mais energia gasta em bitcoin e a rede fica ainda mais segura, tranquilizando os compradores sobre a segurança do Bitcoin, às vezes levando a um ciclo de feedback para aumentar ainda mais o preço.
6. Após a passagem dos blocos de 2016, a presença de mais mineiros e, portanto, mais taxa de hash causa um ajuste de dificuldade para cima.
7. Uma dificuldade maior significa um Número-alvo menor - os mineradores estão encontrando blocos com menos frequência - fazendo com que pelo menos alguns deles gastem mais de X $ em custos operacionais para extrair uma moeda bitcoin.
8. Alguns mineiros se tornam não lucrativos, gastando mais energia na mineração do que podem vender o bitcoin. Eles desligam seus mineiros.
9. Outros blocos de 2016 passam. A dificuldade é recalculada para ficar mais fácil, já que alguns mineiros ficaram offline.
10. Uma dificuldade menor significa que os mineiros que anteriormente não eram lucrativos podem voltar a ficar online e minerar, ou novos mineiros pode entrar no jogo.
11. Retornar ao 1.

Em um mercado em queda, o ciclo pode ir na outra direção, com os usuários jogando moedas, fazendo com que o preço caia e os mineiros se tornem não lucrativos. No entanto, ao contrário do que você pode ler na mídia sobre uma "espiral da morte", o algoritmo de ajuste de dificuldade garante que sempre haverá algum tipo de equilíbrio entre o preço e o número de mineiros na rede. Ele também empurra os mineiros ineficientes em favor daqueles que operam com a energia mais barata possível.

Na prática, nos últimos anos, o preço subiu muito rapidamente, assim como a taxa total de hash. Quanto mais alta a taxa de hash, mais difícil é atacar a rede porque, para controlar o que é gravado apenas no próximo bloco, você precisa ter tanta energia e hardware sob seu controle quanto mais da metade de toda a rede. Hoje, a energia despendida pela rede de mineradores de Bitcoin é estimada como equivalente à de um país de médio porte.

CAPÍTULO 7 Contas sem identidade

*"Há tantas coisas na vida mais importantes que o dinheiro.
Mas, custam tanto"*
Groucho Marx

Até agora, construímos um livro razão distribuído sem autoridade central, um sistema de loteria para selecionar quem escreve, um sistema para recompensar bons mineiros e punir os que se comportam mal, uma forma de ajustar a dificuldade de mineração para garantir um cronograma de emissão consistente e reduzir conflitos, e um sistema para verificar a validade da cadeia, examinando a prova cumulativa de trabalho e o histórico de transações.

Agora vamos lidar com a identidade. Em um sistema bancário tradicional, você envia dinheiro identificando-se ao banco, seja por meio da apresentação de um ID e código PIN pessoalmente, seja por meio da apresentação de um nome de usuário / senha em um aplicativo. O banco garante que duas entidades não compartilhem uma identidade.

Já que agora não temos uma parte central para rastrear as identidades, como podemos abrir contas em nosso novo sistema financeiro baseado em Bitcoin e como podemos garantir que, quando Alice anunciar que deseja pagar a Bob, seja realmente ela a fazer a operação e que realmente tenha autoridade mover esses fundos, como saberemos?

Gerando uma "conta Bitcoin"

Já que não podemos contar com um intermediário central como um banco para manter um registro de todas as contas, e porque as pessoas podem entrar e sair quando quiserem sem permissão, como podemos gerenciar as contas?
E se permitirmos que todos registrem seu próprio nome de usuário / senha? Um banco normalmente verifica se um nome de usuário ainda não está em uso, mas isso não é possível aqui, uma vez que não temos um ator central distribuindo identidades. Portanto, precisamos de algo maior, mais forte e mais exclusivo do que um nome de usuário e uma senha. Esta técnica deve ser familiarizada com os capítulos anteriores. Mais uma vez, precisamos de um número aleatório gigante.

Assim como possibilitamos que todos comprassem bilhetes de loteria gerando grandes números aleatórios, podemos usar o mesmo truque para gerar contas. Para criar uma "Conta Bitcoin", também conhecida como endereço, primeiro geraremos um par de números de 256 bits matematicamente vinculados, conhecido como par de chaves pública / privada. Novamente, 2 256 é tão grande quanto o número de átomos no universo, então duas pessoas gerando acidentalmente o mesmo par de chaves é quase impossível.

O par de chaves tem algumas propriedades interessantes. Você pode usar qualquer uma das chaves para criptografar uma mensagem e a outra para descriptografá-la. Além disso, você está convidado a compartilhar sua chave pública com o mundo inteiro. Saber essa chave não permite que eles tenham acesso à sua chave privada.

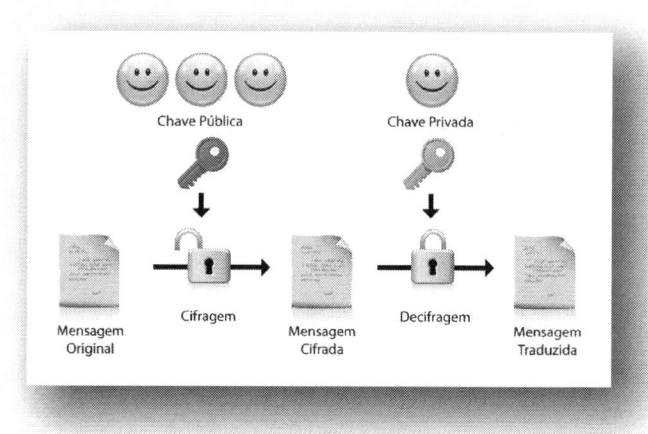

Vamos dar uma olhada em como Alice envia bitcoins para Bob. Para receber uma transação, Bob gera um par de chaves privada / pública e mantém sua chave privada em segredo. Ele produz um endereço, um grande número com base em sua chave pública. Bob então compartilha esse número de endereço com Alice para que ela possa enviar bitcoins para ele.

Alice agora precisa informar à rede que está enviando moedas para o endereço público de Bob a partir de seu próprio endereço público. Como ela prova que está autorizada a gastar naquele endereço público? Ela faz isso fornecendo prova de que possui a chave privada desse endereço, mas sem realmente revelar sua chave privada.

Essa prova é chamada de assinatura digital. Alice constrói uma transação, que essencialmente é apenas um pedaço de dados que parece algo como "o endereço 12345 está enviando 2 bitcoins para o endereço 56789", exceto que os números do endereço são, na verdade, números gigantes. Em seguida, ela efetua o hash de sua transação e criptografa o hash com sua chave privada, criando uma assinatura digital.

Quando ela publica sua transação na rede, ela revela sua chave pública (de onde ela está enviando). Uma vez que todos possuem a chave pública, eles podem descriptografar facilmente a assinatura digital. Mas eles só seriam capazes de descriptografá-lo se ele fosse de fato criptografado com a chave privada correspondente que apenas Alice conhece.

Portanto, apenas a virtude de ser capaz de descriptografar corretamente a assinatura permite que todos saibam que Alice tem a chave privada para aquele endereço, sem realmente revelar sua chave privada.

Quando você move dinheiro em um banco, você fornece a eles seu nome de usuário e senha. Quando você passa cheques, assina seu nome para autenticar que é você quem está escrevendo o cheque. Ao mover o bitcoin, você prova que possui a chave do endereço que contém o bitcoin.

Ao contrário de uma assinatura em um cheque ou de sua senha de banco, entretanto, sua assinatura digital é específica para os dados de uma transação e exclusivos para uma transação que você está assinando. Portanto, não pode ser roubado e reutilizado em uma transação diferente. Cada transação recebe uma assinatura diferente, mesmo que seja baseada na mesma chave privada.

Você consegue adivinhar uma chave privada?

Vamos descobrir as chances de adivinhar uma chave privada, o que lhe daria a capacidade de mover as moedas no endereço público correspondente. Lembre-se de que uma chave é composta por 256 bits. Cada bit possui apenas dois valores (um ou zero). Isso significa que você pode visualizar cada bit como o lançamento de uma moeda.

Se tivéssemos uma chave privada de 1 bit, seria como jogar uma moeda. Cara ou coroa, um ou zero? Você tem uma chance em duas de acertar.

Revisão de probabilidade básica rápida: a probabilidade de ocorrência de vários eventos é calculada multiplicando-se a probabilidade individual de cada evento. Se um lançamento de moeda tem 1/2 chance de dar cara, então a chance de dois lançamentos de moeda consecutivos dar cara é 1/2 x 1/2 = 1/4 ou 1 em 4.

Se tivéssemos 2bits, seriam dois lançamentos de moeda seguidos. 2^2 = 4, então teríamos uma em 4 chances.

Se você adivinhasse o resultado de 8 lançamentos consecutivos de moeda, seria 2^8, ou uma chance em 256.

Uma placa de carro tem 6 letras / números. Existem 26 letras e 10 números, portanto, um total de 36 caracteres. Como há seis deles, o número de placas de carros possíveis = 36^6, então sua chance de adivinhar a minha é de uma em 2.176.782.336 (uma em dois bilhões).

Um cartão de crédito tem dezesseis dígitos. Cada dígito pode ter 10 valores, e há 16 deles, então suas chances de adivinhar meu cartão de crédito são de uma em 1016, que é uma em 10.000.000.000.000.000.000 ou aproximadamente uma em dez quintilhões.

Existem cerca de 1050 átomos na Terra. Se estou pensando em um ao acaso, suas chances de adivinhar são de uma em 1.000.000.000.000.000.000.000.000.000,000.000.000.000.000.000.000.000.

Uma chave privada tem 256 bits, que é 2.256 ou cerca de 1077. Na verdade, está mais perto em magnitude de adivinhar um átomo específico de todo o universo ou de ganhar na loteria Powerball 9 vezes consecutivas:

Uma chance em 115.792.089.237.316.195.423.570.985, 008.687.907.853.269.984.665.640.564.039.457.584,007.913.129.639.936

Mas e se você tivesse um computador superpoderoso para fazer as suposições?

Então, se você pudesse usar o planeta inteiro como um disco rígido, armazenando 1 byte por átomo, usando estrelas como combustível e percorrendo 1 trilhão de chaves por segundo, você precisaria de 37 octilhões de Terras para armazená-lo e 237 bilhões de sóis para alimentar o dispositivo capaz de fazer isso, o que levaria 3,6717 octodecilhões de anos.

Basicamente, é impossível adivinhar a chave privada de alguém. Não apenas isso, mas o número de endereços de Bitcoin é tão grande que as melhores práticas do Bitcoin realmente exigem a geração de um novo endereço para cada transação que você fizer. Então, em vez de ter uma conta bancária, você pode ter milhares ou até milhões de contas Bitcoin, uma para cada transação que já recebeu.

Pode ser desconcertante que sua conta Bitcoin esteja protegida apenas por acaso, mas espero que a ilustração acima dê a você uma ideia de que isso é muito mais seguro do que a senha de sua conta bancária, armazenada em um servidor centralizado, disponível para hackers.

7.1 - Rastreamento de saldos

Agora que você se aprendeu um pouco mais à respeito de como tudo funciona, está na hora de corrigir uma mentira branca que contei sobre como o Bitcoin funciona até agora. Na verdade, não há saldos mantidos no livro-razão. Em vez disso, o Bitcoin usa um modelo chamado **UTXO**: Unspent Transaction Outputs (Saídas de transações não gastas).

A ideia do UTXO é que cada transação é um conjunto de entradas que são consumidas para produzir novas saídas. Pense nisso como enviar um monte de moedas para uma máquina que derrete e cunha novas moedas de qualquer valor que quisermos. Um UTXO é simplesmente a palavra para uma saída de transação - uma moeda produzida por uma transação anterior, incluindo uma transação de base de moedas de uma recompensa em bloco - que ainda não foi gasta em outro endereço.

Digamos que Alice tenha um endereço que contém 1 bitcoin. Ela deseja enviar 0,3 bitcoins para Bob. Ela gera uma transação que mostra seu endereço com 1 bitcoin UTXO como entrada e duas saídas: um novo bitcoin UTXO vale 0,3 como saída para o endereço de Bob e um novo bitcoin UTXO vale 0,7 como saída para seu próprio endereço como alteração. A alteração pode ir para o endereço de envio original ou, para melhor privacidade, ela pode enviá-la para um novo endereço que gera instantaneamente.

Já que não há nenhuma maneira na cadeia de dizer quem controla qual endereço (para isso, você precisa saber as chaves privadas correspondentes e vinculá-las às identidades do mundo real), o modelo UTXO permite um mecanismo de privacidade muito bom, permitindo a criação de novos endereços sempre que as moedas são movidas.

Assim, para verificar o "saldo" de um determinado endereço, na verdade temos que somar todos os UTXOs que possuem este endereço como saída. O conjunto total de UTXOs atuais em Bitcoin aumenta quando as pessoas enviam de um endereço para vários e diminui quando as pessoas realizam transações de "consolidação" em que moedas de vários endereços são gastas em um endereço.

O modelo UTXO permite a validação fácil e eficiente de gastos duplos, uma vez que qualquer UTXO em particular só pode ser gasto uma vez. Não precisamos saber todo o histórico de gastos de uma conta específica.

Também podemos criar e destruir qualquer número de UTXOs de uma vez, criando transações complexas que combinam diferentes entradas e saídas. Isso permite a ideia de "mistura de moedas", em que várias partes participam de uma única transação de Bitcoin que mistura qualquer número de entradas para produzir qualquer número de saídas, obscurecendo assim a história dos UTXOs. Ele também permite que as pessoas consolidem moedas de vários endereços para um ou espalhem-nas entre vários endereços para melhorar a segurança e a privacidade.

7.2 - Carteiras

Como gerar uma conta nada mais é do que gerar um número aleatório de 256 bits para ser sua chave privada, e podemos criar milhares ou milhões de contas, precisamos de um mecanismo para rastreá-las. No Bitcoin, a palavra carteira é usada para se referir a qualquer tipo de dispositivo que rastreia suas chaves. Pode ser tão simples como um pedaço de papel ou tão complexo como uma peça de hardware.

O software Bitcoin original publicado por Satoshi veio com uma carteira de software. Essa carteira geraria seu par de chave privada / pública (lembre-se novamente de que a chave pública é usada para criar seu endereço Bitcoin e sua chave privada permite que você assine transações para gastar moedas desse endereço).

Ao contrário da carteira do seu banco, que normalmente tem a forma de um único aplicativo móvel ou da web, o Bitcoin é um sistema completamente aberto. Portanto, existem centenas de carteiras, a maioria das quais é gratuita, muitas das quais também são de código aberto, bem como meia dúzia de implementações de carteira de hardware, com mais vindo. Qualquer pessoa com conhecimento de programação de computadores pode construir sua própria carteira ou ler o código de uma carteira de código aberto para garantir que nada de suspeito esteja acontecendo. Este é outro lugar no Bitcoin onde a inovação sem permissão está acontecendo em um ritmo rápido, ao contrário do aplicativo móvel do seu banco.

Visto que sua chave privada é a única coisa de que você precisa para gastar suas moedas, você deve guardá-la com muito cuidado. Se alguém roubar seu cartão de crédito, você pode ligar para a empresa e registrar uma reclamação de fraude e tentar obter seu dinheiro de volta. No Bitcoin, não há intermediário. Se alguém tem sua chave privada, eles controlam suas moedas e não há ninguém para quem você possa ligar.

As chaves privadas também são altamente suscetíveis a perdas. Se você armazenar sua carteira no computador e ele for roubado ou pegar fogo, você tem um problema. Se você seguir as práticas recomendadas do Bitcoin para gerar um novo endereço toda vez que receber um pagamento, armazenar e fazer backup com segurança dessas chaves privadas se tornará rapidamente um incômodo.

Com o tempo, o ecossistema Bitcoin desenvolveu uma série de soluções para esse problema. Em 2012, o BIP32 (Proposta de Melhoria do Bitcoin, mecanismo para que as pessoas divulguem ideias sobre como melhorar o Bitcoin) foi protocolado com a proposta de criação de Carteiras Determinísticas Hierárquicas. A ideia por trás disso é que usando apenas um único número aleatório (semente), podemos gerar uma cadeia inteira de pares de chaves privadas / públicas: endereços de Bitcoin e chaves de assinatura para eles.

Hoje em dia, se você usar qualquer um dos softwares ou carteiras de hardware comumente disponíveis, eles gerarão automaticamente novas chaves para você para cada transação e permitirão que você faça backup de apenas uma única semente.

Em 2013, o BIP39 veio para tornar o backup de chaves ainda mais fácil. Em vez de usar um número completamente aleatório, as chaves seriam geradas a partir de um conjunto aleatório de palavras legíveis por humanos. Aqui está um exemplo de semente:

```
prática do colapso da bruxa, alimentar
           a vergonha
   desespero estrada do riacho de novo
           gelo menos
```

Com esse método, o backup das chaves se tornou muito fácil: você pode escrever a semente em um pedaço de papel e colocá-la em um cofre. Você pode até memorizar a frase e sair de um regime econômico decadente como a Venezuela sem nada sobre si, ninguém sabendo que você está carregando sua riqueza na cabeça.

Além disso, um endereço Bitcoin pode exigir mais de uma chave privada para ser acessado. Endereços multisignature ou multisig podem empregar uma grande variedade de esquemas de segurança. Por exemplo, duas pessoas podem compartilhar uma conta usando multisig 1 de 2, onde qualquer uma das partes pode assinar transações, ou um multisig 2 de 2, que exige que ambas as partes forneçam chaves para gastar.

Você pode fazer um sistema de depósito simples usando um multisig 2 de 3. O comprador obtém uma chave, o vendedor obtém outra chave e uma terceira chave é dada a um conferente. Se o comprador e o vendedor concordarem, eles podem desbloquear os fundos juntos.

Em caso de litígio, o árbitro pode agir em conjunto com uma das partes para desbloquear os fundos.

Você pode usar um esquema multisig 3 de 5 para se proteger contra a perda de chaves, permitindo-se perder até 2 das 5 chaves e ainda ser capaz de desbloquear a conta. Você pode armazenar duas das chaves em lugares diferentes, duas com amigos de confiança diferentes que não se conhecem, e uma com um serviço de custódia especializado como o BitGo que assina suas transações, tornando seu Bitcoin muito difícil de roubar enquanto se protege por perda de chaves.

Você pode ir ainda mais longe e criar endereços que são desbloqueados por condições bastante complexas, como conhecimento de números secretos ou ficar bloqueado por um período específico de tempo. Você pode, por exemplo, fazer um endereço de bitcoin do qual você não pode gastar por 10 anos, não importa o quanto alguém queira forçá-lo a mudá-lo.

Isso é profundo e transforma o mundo. Nunca foi possível transportar seus bens de uma forma completamente segura contra apreensão ou roubo.

CAPÍTULO 8 O software do cliente Bitcoin

*"Não há nada como um sonho para criar o futuro.
O amanhã começa agora!"*
Johnnie Walker

Portanto, agora temos um sistema distribuído funcional para acompanhar e transferir valores. Vamos revisar o que criamos até agora:

1. Um livro razão distribuído, uma cópia do qual é mantida por todos os participantes.

2. Um sistema de loteria baseado em Comprovante de Trabalho e ajustes de dificuldade para manter a rede segura e o cronograma de emissão consistente.

3. Um sistema de consenso que garante que cada participante possa validar todo o histórico do blockchain para si próprios, usando um software de código aberto chamado cliente Bitcoin.

4. Um sistema de identidade usando assinaturas digitais que permite a criação arbitrária de caixas de correio semelhantes a contas que podem receber bitcoins sem uma autoridade central.

Agora é hora de enfrentar uma das coisas mais interessantes e contraintuitivas sobre o Bitcoin: de onde vêm suas regras e como são aplicadas.

8.1 - O software Bitcoin

Ao longo dos capítulos anteriores, presumimos que todos na rede estavam validando as mesmas regras: ou seja, estão rejeitando gastos duplos, garantindo que cada bloco contenha a quantidade adequada de Prova de Trabalho e que cada bloco aponte para o bloco anterior na ponta do blockchain atual, entre um monte de outras coisas com as quais as pessoas concordaram ao longo do tempo.

Também dissemos que o Bitcoin é um software de código aberto. Código aberto significa que qualquer pessoa pode ler seu código e também que qualquer pessoa pode atualizar sua própria cópia com o código que quiser. Como as mudanças chegam ao Bitcoin?

Bitcoin é um protocolo. Em software de computador, este termo se refere a um conjunto de regras que o software segue. No entanto, contanto que você segue o conjunto de regras que todos estão seguindo, você é livre para modificar seu software como desejar. Quando dizemos que as pessoas "executam nós Bitcoin", o que realmente queremos dizer é que executam um software que fala o protocolo Bitcoin. Este software pode se comunicar com outros nós de Bitcoin, transmitindo transações e blocos para eles, descobrir outros nós para fazerem o peering e assim por diante.

Os detalhes reais de como o software é implementado dependem de qualquer pessoa que o execute. Na verdade, existem muitas implementações do protocolo Bitcoin. O mais popular deles é chamado Bitcoin Core e é a extensão do trabalho lançado pela primeira vez por Satoshi Nakamoto.

Existem outros clientes também, alguns até mesmo escritos em outras linguagens de computador e mantidos por pessoas diferentes. Como o consenso no Bitcoin é crítico (o que significa que todos os nós devem concordar sobre quais blocos são ou não válidos), a grande maioria dos nós executa o mesmo software (Bitcoin Core) para evitar quaisquer bugs incidentais que podem causar a discordância de alguns nós o que é válido.

Então, quem faz as regras?

As regras que compõem o Bitcoin são codificadas no cliente Bitcoin Core. Mas quem decide essas regras? Por que dizemos que o Bitcoin é escasso se alguém pode entrar e fazer uma modificação no software que muda o limite de 21 milhões de bitcoins para 42 milhões?

Sendo um sistema distribuído, todos os nós do sistema devem concordar com as regras. Se você for um minerador e decidir mudar seu software para conceder a você o dobro de Bitcoin que lhe é permitido pela configuração atual de Recompensa de Bloco, então, quando você minerar seu bloco, todos os outros nós da rede rejeitarão seu bloco. Fazer uma mudança nas regras é extremamente difícil porque existem milhares de nós distribuídos em todo o mundo, cada um aplicando as regras do Bitcoin.

O modelo de governança do Bitcoin é contra intuitivo, especialmente para aqueles de nós que vivem em uma democracia ocidental. Estamos acostumados com a governança pelo voto - a maioria das pessoas pode decidir fazer algo, aprovar uma lei e impor sua vontade à minoria. Mas o sistema de governo do Bitcoin está muito mais próximo da anarquia do que da democracia. Vamos dar uma olhada nas verificações e balanços neste sistema:

Nós: cada participante da rede Bitcoin executa um nó. Eles escolhem qual software executar neste nó. Embora a maioria das pessoas execute o Bitcoin Core, se o software se tornar malicioso e tentar introduzir algo como inflação, ninguém o executará. Exemplos de nós incluem aqueles executados por qualquer pessoa que aceite Bitcoin - comerciantes, bolsas, provedores de carteiras e pessoas comuns que usam Bitcoin para qualquer propósito que desejem.

Mineiros: alguns nós também são mineiros. Isso significa que eles gastam eletricidade para ganhar direitos de escrever no livro razão do Bitcoin. Isso fornece segurança à rede, tornando muito caro para alguém adulterar o livro-razão. Se os mineiros são os únicos que escrevem no livro-razão, pode ser tentador considerá-los os criadores das regras, mas não são. Eles estão simplesmente seguindo as regras definidas pelos nós que aceitam bitcoins. Se os mineiros começarem a produzir blocos que contenham recompensa extra, eles não serão aceitos por outros nós, tornando essas moedas inúteis. Assim, cada usuário executando um nó está participando de uma governança anárquica - eles estão escolhendo quais regras as moedas que consideram Bitcoin devem seguir, e qualquer violação dessas regras é rejeitada imediatamente.

Usuários / investidores: usuários são as pessoas que compram e vendem a moeda bitcoin, bem como gerem nós. Muitos usuários hoje não executam seus próprios nós, mas contam com um nó hospedado por seu provedor de carteira, onde o provedor de carteira atua como uma espécie de proxy para os desejos e vontades do usuário. Os usuários decidem o valor da moeda no mercado aberto. Mesmo que os mineiros e a maioria dos nós econômicos do sistema conspirassem e introduzissem algum tipo de mudança radical, como a inflação, os usuários provavelmente se livrariam da moeda, baixando o preço e colocando as empresas infratoras fora do mercado. Uma minoria intolerante de usuários sempre poderia manter sua própria versão do Bitcoin viva, mesmo se o Bitcoin se transformasse em algo que eles não gostassem.

Desenvolvedores: o software Bitcoin Core é o maior projeto de cliente Bitcoin que existe. Ele atraiu um rico ecossistema de centenas dos melhores desenvolvedores e empresas de criptografia. O projeto central é muito conservador, pois o software alimenta uma rede que agora protege centenas de bilhões de dólares. Cada mudança passa por um processo de proposta e é cuidadosamente revisada por pares. O processo de propostas e revisão de código é feito totalmente abertamente e qualquer pessoa pode participar, comentar ou enviar o código. Se os desenvolvedores se tornarem mal-intencionados e introduzirem algo que ninguém deseja executar, os usuários simplesmente executarão um software diferente (talvez versões mais antigas ou começarão a desenvolver algo novo). Por causa disso, os desenvolvedores principais devem desenvolver mudanças que os usuários geralmente desejam, ou arriscam perder seu status de implementação de referência se ninguém quiser executá-la.

O ecossistema Bitcoin é uma dança delicada entre centenas e milhares de participantes, todos os quais estão agindo de forma egoísta, e muitas vezes com necessidades concorrentes, mas produzindo um sistema altamente resiliente para um bem maior como resultado. É um sistema anarquista de mercado verdadeiramente livre, sem ninguém em particular no comando.

CAPÍTULO 9 Passado, presente e futuro

*"Por algum motivo,
as pessoas se baseiam nos preços
e não nos valores.
Preço é o que você paga.
Valor é o que você leva."*
Warren Buffett

Agora, munidos de uma compreensão da rede Bitcoin como um todo, podemos examinar alguns comportamentos interessantes que surgiram nos últimos dez anos do sistema.

ASICs e piscinas de mineração

No início, Satoshi extraiu os primeiros bitcoins usando a unidade de processamento central (CPU) de seu computador. Como a dificuldade inicial de mineração no sistema era baixa, era relativamente barato para seu computador gerar essas moedas.

Com o tempo, as pessoas começaram a ajustar o software de mineração para torná-lo cada vez mais eficiente. Eventualmente, eles escreveram um software que começou a tirar proveito de processadores especializados chamados unidades de processamento gráfico (GPUs), que existem em placas de vídeo e geralmente são usados para jogos.

Com as GPUs, a mineração tornou-se milhares de vezes mais eficiente do que a mineração da CPU. Nesse ponto, qualquer pessoa que estava minerando em uma CPU fornecia uma fração tão pequena da taxa de hash que rapidamente se tornou inútil à medida que a dificuldade aumentava devido a todos os novos mineradores de GPU.

Conforme as GPUs assumiram o controle e as pessoas começaram a comprar toneladas de placas gráficas, a eficiência da mineração foi aprimorada ainda mais por meio da produção de ASICs (Application Specific Integrated Circuits ou Circuitos Integrados Específicos de Aplicativos). Esses são chips de hardware de computador que fazem apenas uma coisa - a função bitcoin sha256 e nada mais. Por serem especializados nesse algoritmo específico, os ASICs foram capazes de ser milhares de vezes mais eficientes do que as GPUs para mineração e rapidamente tornaram as GPUs não lucrativas, assim como as GPUs fizeram com as CPUs. A cada poucos anos, a nova geração de dispositivos ASIC colocaria suas versões anteriores fora do mercado com grandes melhorias de eficiência.

Os primeiros mineiros da rede gastaram apenas alguns centavos de eletricidade para produzir seus bitcoins. À medida que o preço do bitcoin subia e mais e mais mineiros aderiam, a dificuldade aumentava e ficava cada vez mais caro gerar bitcoins.

Um problema com a mineração de bitcoin é que ela não é determinística, como rolar um dado. Isso significa que você pode acabar gastando centenas de dólares em eletricidade e, ainda assim, nunca encontrar um bloco válido.

Em 2010, uma inovação chamada piscina de mineração (agora conhecida como Slushpool) surgiu para resolver o problema de mineradores que queimam energia sem receber recompensa. Um pool de mineração é um pool de risco compartilhado, semelhante ao funcionamento do seguro médico.

Todos os mineiros contribuem para a mineração para o tanque, criando assim a aparência de um grande mineiro. Se alguém no pool encontrar um bloco válido, a recompensa pelo bloco é dividida proporcionalmente entre todos os mineiros com base na taxa de hash com que contribuíram. Isso permite que até mesmo pequenas operações de mineração, como indivíduos, recebam recompensa pela pequena taxa de hash com que contribuem. Para fornecer este serviço de coordenação, o pool fica com uma parte das recompensas.

Os pools de mineração causaram um efeito de centralização - os usuários migraram para pools maiores. O diagrama abaixo mostra a distribuição aproximada do reservatório de mineração em janeiro de 2019.

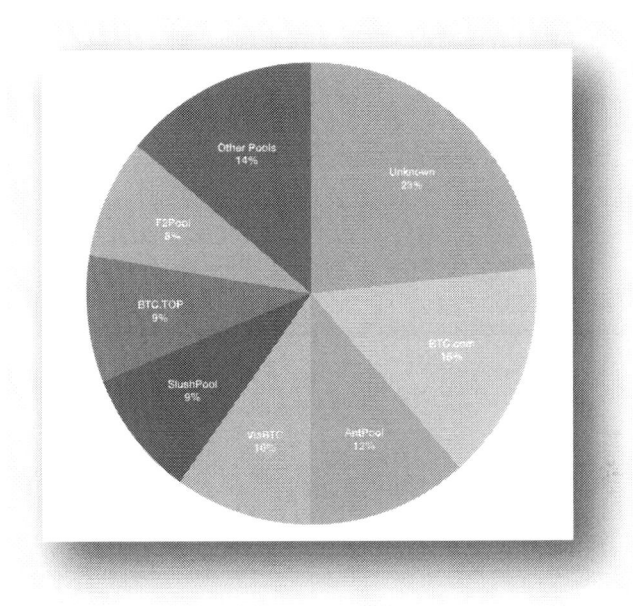

9.1 - 51% de ataques

A centralização do pool de mineração leva à preocupação de que eles possam conspirar para 51% atacar a rede. Se você olhar o gráfico acima, verá que os 5 principais pools identificáveis juntos têm mais de 50% da taxa de hash de mineração total.

Vamos examinar como esse ataque é realizado e quais perigos ele carrega.

Quando você possui pouco mais de 50% da taxa de hash, pode dominar as gravações no livro razão por que pode produzir uma cadeia mais longa do que a outra taxa de hash inferior a 50% combinada ao longo do tempo. Lembre-se de que o Consenso de Nakamoto diz que os nós devem aceitar a cadeia de Prova de Trabalho cumulativa mais longa que eles ouviram falar.

Aqui está um exemplo de como um ataque muito simples de 51% é realizado:

1. Digamos que a rede como um todo esteja produzindo 1000 hashes / segundo e escrevendo o blockchain.
2. Você compra um monte de hardware de mineração e eletricidade para produzir 2.000 hashes / segundo. Agora você tem 66% da taxa total de hash (2000/3000).
3. Você começa a minerar uma cadeia que contém apenas blocos vazios.
4. Daqui a duas semanas, você transmitirá sua cadeia de blocos vazios. Como você está minerando aproximadamente duas vezes mais rápido que os mineradores honestos, sua cadeia será duas vezes mais longa com a Prova de Trabalho cumulativa. A transmissão para todos os nós existentes fará com que eles se reorganizem e percam as últimas duas semanas de histórico.

Além de minerar blocos vazios, o que torna a corrente inutilizável, você também pode realizar um ataque de gasto duplo:
1. Envie algum bitcoin para uma bolsa.
2. Troque por USD e retire o USD.
3. Em alguma data posterior, transmita uma cadeia que você minerou secretamente que não contém o envio para a troca.
4. Você reescreveu a história e agora tem o bitcoin original e o USD.

Na prática, com a taxa de hash do Bitcoin hoje (lembre-se, ele está usando a mesma quantidade de energia de um país de tamanho decente), adquirir hardware e eletricidade suficientes para realizar tal ataque é extremamente caro. Também é muito difícil escapar impune com um ataque de gasto duplo dessa proporção sem deixar pegadas que poderiam ser usadas para descobrir quem você é. Afinal, você estaria queimando a energia de um país de médio porte e comprando milhões de dólares em hardware e enviando milhões de dólares para a troca a fim de executá-lo.

Manter esse tipo de ataque por qualquer período de tempo razoável é inviável, e se alguma entidade maliciosa com financiamento ilimitado decidir fazer isso e for capaz de sustentar esse ataque além do nível de um incômodo, a rede poderia se adaptar mudando para uma diferente Função de prova de trabalho (não sha256), que tornaria todos os ASICs de hardware usados pelo invasor completamente inúteis. Essa, entretanto, é a opção nuclear, pois também tiraria do mercado imediatamente todos os mineiros honestos. Mesmo assim, a rede sobreviveria e resurgiria das cinzas.

Além da inviabilidade do ataque, ter a maioria da taxa de hash não dá direito a nenhum dos seguintes:

1. Você não pode criar moedas do nada. Isso viola a regra de consenso de recompensa de blocos e seus blocos seriam rejeitados, mesmo se tivessem Prova de Trabalho suficiente.

2. Você não pode gastar moedas que não são suas. Você não seria capaz de fornecer uma assinatura digital válida, o que viola as regras.

3. Você não pode acelerar o cronograma de emissão de Bitcoin. A dificuldade seria ajustar todos os blocos de 2016 como sempre é feito.

Assim, os nós que aceitam Bitcoin como pagamento manteriam a rede honesta, mesmo em face de uma maioria desonesta de mineradores. Além disso, não devemos presumir que, apenas porque um pool de mineração tem uma porcentagem específica de taxa de hash, eles possuem esse hardware. Na verdade, a maioria dos reservatórios de mineração é composta por milhares de mineradores individuais. Se o pool de mineração começar a se comportar mal, esses mineiros teriam um incentivo para sair do pool porque gostariam de proteger o valor econômico do Bitcoin, que estão minerando presumivelmente para ganhar dinheiro e não perdê-lo!

Na verdade, há um precedente histórico para mineiros individuais deixarem um reservatório que se tornou muito poderoso: em 2014, Ghash.io tinha quase metade do poder de mineração total. Os mineiros perceberam que ele estava se tornando muito centralizado e partiu para outras piscinas voluntariamente.

Embora pools de mineração relativamente centralizados sejam a realidade hoje, há melhorias constantes na tecnologia de mineração, incluindo uma proposta chamada BetterHash, que permite que os mineradores individuais tenham mais controle do que estão minerando e reduza a dependência da coordenação dos pools.

9.2 - Garfos rígidos e garfos macios

Deixamos o tópico mais complexo do Bitcoin para o final.

Espero que agora você tenha um bom controle sobre como o software Bitcoin impõe as regras que as pessoas concordaram e como as pessoas podem decidir qual software executar para aplicar as regras em que acreditam.

Também descobrimos que os mineradores decidem as regras que seguirão ao produzir blocos e que devem minerar o tipo de bloco que os usuários desejam ou arriscar que seus blocos não sejam aceitos e, assim, perder a recompensa da mineração.

Finalmente, sabemos que o software Bitcoin aceitará a mais longa prova cumulativa de cadeia de trabalho válida como a cadeia válida, e que bifurcações às vezes ocorrem naturalmente devido à mineração de mineradores em pontas de cadeia desatualizadas.

Agora vamos falar sobre garfos intencionais. Uma bifurcação intencional é quando alguns usuários e / ou mineradores decidem que não concordam com as regras atuais do Bitcoin e que precisam mudar as regras. Existem dois tipos de garfos de mudança de regras que foram mostrados na natureza: garfos macios, que são compatíveis com versões anteriores, e garfos rígidos, que não são compatíveis com versões anteriores. Vamos ver como isso ocorre na teoria e, em seguida, ver alguns exemplos históricos.

9.3 - Soft-fork (Garfos macios)

Um soft-fork é uma mudança compatível com as regras de consenso do Bitcoin. O que isso significa? Isso significa que se você executar um nó antigo que não foi atualizado para as novas regras, seu nó ainda verá os blocos produzidos sob as novas regras como válidos. Para um nó atualizado com o novo software soft bifurcado, todos os blocos que eram anteriormente inválidos permanecem inválidos, mas alguns blocos válidos agora são considerados inválidos. Vejamos um exemplo para deixar claro:

Em 12 de setembro de 2010, uma nova regra foi introduzida no software: os blocos devem ter no máximo 1 MB de tamanho. Esta regra foi introduzida para lidar com spam na blockchain. Antes dessa regra, todos os blocos de qualquer tamanho eram válidos. Com a nova regra, apenas blocos menores eram válidos. Se você estava executando um nó antigo e não atualizou, os novos blocos menores ainda eram válidos de acordo com suas regras, então você não foi afetado.

Um soft-fork é uma maneira sem interrupções de atualizar o sistema porque permite que os operadores de nós atualizem para o novo software lentamente ao longo do tempo, voluntariamente. Se eles não fizerem upgrade, eles ainda serão capazes de processar todos os bloqueios que chegam como sempre fizeram. Apenas os mineiros que produzem os blocos precisam se atualizar para começar a produzir blocos usando as novas regras. Depois que os mineiros atualizaram para a bifurcação de 1 MB, todos os blocos daquele ponto em diante tinham no máximo 1 MB de tamanho. Os usuários que executam versões antigas do software não sabiam disso.

9.4 - Hard Forks (Garfo Rígido)

Um garfo rígido é o oposto de um garfo macio. No caso de um hard-fork, uma alteração não compatível com versões anteriores é introduzida na qual os blocos que eram originalmente inválidos agora são considerados válidos. No caso de um hard-fork, os nós antigos que não foram atualizados não serão capazes de processar os blocos produzidos sob as novas regras. Assim, eles ficarão presos na corrente antiga, a menos que façam upgrade. Um exemplo de bifurcação rígida seria aquele que alterasse o tamanho do bloco de 1 MB para algo maior, pois os blocos seriam inválidos de acordo com as regras antigas.

A maioria das bifurcações rígidas com concordância quase unânime de todos os nós da rede não causaria problemas. Cada nó seria atualizado imediatamente para as novas regras. Se alguns retardatários fossem deixados para trás, eles não obteriam nenhuma nova atualização de bloco e, de preferência, notariam que seu software parou de funcionar e foram forçados a atualizar.

Na prática, os garfos rígidos nunca funcionam tão suavemente. Em um sistema anárquico verdadeiramente descentralizado, você não pode coagir todos a mudar para novas regras. Em agosto de 2017, algumas pessoas que não estavam felizes com a forma como a rede Bitcoin estava progredindo no que diz respeito a pagamentos baratos decidiram que queriam bifurcar para criar uma rede com blocos maiores. Como o Bitcoin tinha uma regra sobre os blocos não ultrapassarem 1 MB (devido a um soft-fork ocorrido em 2010), essas pessoas queriam criar uma nova rede com blocos maiores. Este fork ficou conhecido como Bitcoin Cash.

Um hard fork fora do consenso como Bitcoin Cash, que não é seguido por todos os mineradores e nós, cria um novo blockchain que compartilha alguma história com a cadeia original, mas a partir do ponto de divisão em diante, as moedas criadas no fork não são mais Bitcoin, pois não são aceitos por nenhum nó da rede Bitcoin.

O assunto o que "é" ou "não é" Bitcoin foi calorosamente debatido no ano seguinte ao fork do Bitcoin Cash. Houve algumas pessoas do lado do Bitcoin Cash que propuseram uma narrativa de que o Bitcoin deveria ser definido pelo que está escrito no papel de design original que Satoshi produziu dez anos atrás e escolheu a dedo palavras específicas do papel de design para provar seu ponto. Mas um sistema baseado em consenso não funciona com base em argumentos feitos nas redes sociais. Funciona por pessoas que optam por executar um software específico para fazer cumprir regras específicas.

No caso desta bifurcação, as pessoas que executam a grande maioria dos nós economicamente significativos - ou seja, carteiras, trocas e comerciantes não queriam trocar seu software por algo suportado por uma equipe de desenvolvimento muito menor e menos experiente e em uma quantidade muito menor da taxa de hash que sinalizou que eles queriam mudar para essas regras. Nem as pessoas achavam que tal "atualização" valesse a pena a interrupção do ecossistema. O problema com os garfos rígidos é que eles só funcionam quando todos trocam. Se houver retardatários, duas moedas são criadas. Assim, Bitcoin permaneceu Bitcoin e Bitcoin Cash tornou-se uma moeda separada.

Hoje, existem dezenas de outros forks de Bitcoin, como Bitcoin Gold, Bitcoin Diamond e Bitcoin Private, com uma pequena taxa de hash protegendo-os, baixo suporte ao desenvolvedor e atividade econômica quase inexistente. Muitos são golpes ou projetos de pesquisa mal elaborados. Centenas de moedas semelhantes ao Bitcoin usam código semelhante, mas não compartilham o histórico de saldo da conta do Bitcoin (conjunto UTXO), como Litecoin ou Dogecoin.

9.5 - O Mercado de Taxas

Mencionamos brevemente as taxas de transação no Capítulo 5 ao discutir a mineração, mas elas merecem sua própria seção. Uma vez que o cronograma de emissão de Bitcoin consiste em Metades de Recompensa em Bloco a cada quatro anos, até que a Recompensa de Bloco seja totalmente eliminada e o Bitcoin entre em um estado de fornecimento adicional zero até o final do tempo, ainda precisamos de uma forma de incentivar os mineradores a continuarem protegendo a rede.

As taxas são determinadas por um sistema de mercado livre, onde os usuários licitam por espaço escasso em um bloco. Os usuários que enviam transações indicam quanta taxa estão dispostos a pagar às mineradoras, e as mineradoras podem ou não incluir as transações que veem, dependendo das taxas. Quando há poucas transações esperando para entrar no próximo bloco, as taxas tendem a ser muito baixas, pois não há competição. À medida que o espaço do bloco é preenchido, os usuários estão dispostos a pagar taxas mais altas para que suas transações sejam confirmadas mais rapidamente (no próximo bloco). Aqueles que não querem pagar podem sempre definir suas taxas baixas e esperar mais para serem minerados em um momento posterior, quando o espaço do bloco estiver mais prontamente disponível.

Ao contrário dos sistemas financeiros tradicionais, onde as taxas tendem a ser baseadas em uma porcentagem do valor que está sendo transferido, no Bitcoin o valor sendo transferido não tem relação com as taxas. Em vez disso, tornamos as taxas proporcionais ao recurso escasso que consomem: espaço em bloco. Portanto, as taxas são medidas em satoshis por byte (bytes são 8 bits, basicamente apenas uma medida de quantos dados há em sua transação). Portanto, uma transação que envia um milhão de bitcoins de um endereço para outro pode ser mais barata do que uma que consolida 1 bitcoin espalhado por 10 contas, porque o último requer mais espaço de bloco para representar.

No passado, houve períodos em que o Bitcoin tinha uma demanda muito alta, como a enorme corrida de touros do final de 2017, em que as taxas tornaram-se extremamente altas. Desde então, alguns novos recursos foram implementados para reduzir a pressão sobre as taxas na rede.

Um deles é chamado de Testemunha Segregada, que reorganizou como os dados do bloco são representados separando as assinaturas digitais dos dados da transação e criando mais espaço para esses dados - as transações que tiram proveito desta atualização podem usar mais do que o 1 MB original do espaço do bloco por meio de alguns truques inteligentes que estão além do escopo deste livro.

O outro alívio para as taxas veio por meio do batching: as trocas e outros participantes de alto volume no ecossistema começaram a combinar transações de bitcoin para vários usuários em uma única transação. Ao contrário de um pagamento tradicional em seu banco ou PayPal que é feito de uma pessoa para outra, lembre-se de que uma transação de Bitcoin pode combinar um grande número de entradas e produzir um grande número de saídas. Assim, uma bolsa que precisa enviar bitcoin para saque para 100 pessoas pode fazê-lo em uma única transação. Esse é um uso muito mais eficiente do espaço do bloco, transformando o que aparentemente é apenas um punhado de transações de bitcoin por segundo em milhares de pagamentos por segundo.

A testemunha segregada e o batching já fizeram um trabalho muito bom na redução da demanda por espaço em bloco. Outras melhorias estão em andamento para tornar o uso do espaço do bloco mais eficiente. No entanto, chegará um momento em que as taxas de Bitcoin ficarão altas novamente, à medida que os blocos ficarão cada vez mais cheios devido à demanda.

9.6 - Desenvolvimentos futuros em Bitcoin

Neste ponto, já começamos a inventar o protocolo e cobrimos como a rede evoluiu ao longo do tempo. Agora olhamos para o futuro e cobrimos algumas das melhorias de curto prazo que virão para o Bitcoin.

Ao contrário de uma moeda tradicional, que é algo que é impresso e usado, o Bitcoin é uma camada de dinheiro programável sobre a qual podemos construir muitos serviços. Este é um conceito totalmente novo e estamos apenas começando a arranhar a superfície do que é possível.

9.7 - Lightning Network

Como discutimos acima, o Bitcoin teve problemas com taxas altas à medida que o espaço em bloco se tornou cada vez mais procurado. Hoje, o Bitcoin só é capaz de cerca de 3 a 7 transações por segundo, com base no número de transações que cabem em um bloco; lembre-se, no entanto, de que cada transação pode, na verdade, ser um pagamento para centenas de pessoas por lote. Ainda assim, não é capacidade suficiente para se tornar uma rede global de pagamentos.

Uma solução ingênua pode ser aumentar o tamanho do bloco, e de fato várias moedas concorrentes, incluindo Bitcoin Cash, tentaram essa abordagem. O Bitcoin não segue esse caminho porque o aumento do tamanho do bloco impactaria negativamente as características de descentralização, como o número de nós e a dispersão geográfica. Mesmo que um aumento no tamanho do bloco fosse possível devido a melhorias no hardware, há também o problema de que a natureza descentralizada do Bitcoin significa que um hard fork que tenta mudar o tamanho do bloco causaria muitos distúrbios e provavelmente outra divisão direta em uma diferente moeda.

Um aumento no tamanho do bloco também não resolveria realmente o problema de tornar o Bitcoin adequado como um sistema de pagamento mundial - ele simplesmente não seria tão escalável. Entre na Lightning Network: outro protocolo e conjunto de implementações de software que criam transações Bitcoin fora da cadeia.

The Lightning Network pode ser o tópico de um livro inteiro, mas vamos discuti-lo brevemente.

A ideia do Lightning é que nem todas as transações precisam ser registradas no blockchain. Por exemplo, se você e eu estamos em um bar comprando bebidas, podemos abrir uma guia do bar e fechar no final da noite. Realmente não faz sentido cobrarmos de nosso cartão de crédito por cada bebida, pois é uma perda de tempo. Com o Bitcoin, usar a energia equivalente à de um país inteiro ao confirmar a compra de um café ou cerveja e ter essa compra registrada o tempo todo em milhares de computadores em todo o mundo não é escalonável nem particularmente bom para a privacidade.

A Lightning Network, se for bem-sucedida, irá melhorar muitas das desvantagens do Bitcoin:

Taxa de transferência de transações virtualmente ilimitada. Centenas de milhares de micro transações poderiam ser realizadas e comprometidas com o blockchain Bitcoin uma vez como liquidação final. Confirmações instantâneas; não há necessidade de esperar que os blocos sejam minerados. Taxas de transação de menos de um centavo adequadas para micro pagamentos, como pagar um centavo para ler um blog.

Maior privacidade. Apenas as partes que participam da transação precisam saber sobre ela, ao contrário de uma transação em rede que é transmitida para o mundo inteiro.

O Lightning usa o conceito de Canais de Pagamento, que são transações reais de Bitcoin em cadeia que bloqueiam uma certa quantidade de Bitcoin e o tornam disponível na Rede Lightning para transferência instantânea e quase gratuita. A Lightning Network está nos estágios iniciais, mas já se mostra promissora.

9.8 - Bitcoin no Espaço

Bitcoin faz um excelente trabalho de ser resistente à censura, pois é resistente a apreensão (você pode carregá-lo em sua cabeça) e resistente à censura de transferência, uma vez que requer apenas um minerador honesto na rede para comprometer suas transações (e você pode minerar você mesmo).

No entanto, sendo o Bitcoin transmitido pela Internet, é suscetível de censura em nível de rede. Os regimes autoritários que desejam reprimir a atividade podem tentar bloquear o tráfego de Bitcoin que entra e sai de seu país.

O Blockstream Satellite é o primeiro esforço para contornar a censura de rede em nível estadual, bem como alcançar áreas remotas que podem não ter conexões com a Internet. Este satélite permite que qualquer pessoa com uma antena parabólica e equipamento relativamente barato conecte e baixe o blockchain Bitcoin, com comunicação bidirecional em breve. Também existem agora esforços, como o TxTenna, para construir redes mesh fora da rede. Quando acoplado a uma conexão via satélite, esse tipo de configuração seria quase imparável.

CAPÍTULO 10 O que vem a seguir?

"A nossa maior glória não reside no fato de nunca cairmos, mas sim em levantarmo-nos sempre depois de cada queda."
Oliver Goldsmith

Espero que você tenha entendido um pouco do que é bitcoin e em que direção ele está indo. Escreverei outro livro em breve e explicarei o blockchain com mais detalhes. No entanto, este livro é um guia para iniciantes. Portanto, fiz o meu melhor para evitar os termos técnicos tanto quanto possível.

No geral, o que você precisa entender é que blockchain e bitcoin não são a mesma coisa. Blockchain é uma tecnologia e sua primeira aplicação foi na plataforma chamada bitcoin. Bitcoin é blockchain. No entanto, o próprio Bitcoin é apenas uma criptomoeda capaz de substituir as moedas fiduciárias. Sabemos que muitas pessoas não irão gostar dessa ideia no início. O Blockchain resolveu o problema que sempre enfrentamos, que é a confiança. O uso da tecnologia blockchain nos permite evitar a confiança em serviços de terceiros. Portanto, qualquer pagamento ou troca pela internet será somente entre 2 partes. Isso é revolucionário, pois podemos expandir a lacuna de confiança, e o mercado do futuro não só será mais rápido e barato, mas não terá limitações, como idade, raça, sexo, ocupação, nacionalidade ou qualquer coisa assim.

Se você contar a seu amigo, que nunca ouviu falar em bitcoin ou blockchain e pensa que não foi afetado, tente explicar que todos são afetados pelo blockchain. Embora o blockchain não vá dominar o mundo de um dia para o outro, pode levar uma ou duas décadas. No entanto, todos somos ou seremos afetados.

Blockchain também é conhecido como o futuro do dinheiro; embora o streaming de dinheiro pareça estranho para alguns, isso não só vai acontecer, mas já começou há mais de uma década e não vai parar. A proteção de dados usando blockchain será muito segura e sempre fornecerá a verdade.

Como essa alta tecnologia permite que nos tornemos nossos próprios banqueiros, podemos não precisar mais ter bancos no futuro. Ainda assim, como temos que olhar para o que temos, certas habilidades de TI nos ajudarão a estar mais seguros contra criminosos cibernéticos. Depois de compreender como é fácil manter seus valores seguros online, você também perceberá que é ainda mais fácil do que abrir uma conta bancária.

Portanto, as mudanças para os jovens e a próxima geração irão acelerar o processo de aprendizagem sobre o mundo criptográfico. Claro, algumas pessoas podem ter que aprender da maneira mais difícil, pois muitas pessoas foram hackeadas, e só depois, começar a investir no aprendizado e implementação de segurança. Mesmo assim, o tempo do blockchain começou e isso mudará o mundo.

Pessoas comuns, sem formação técnica, não acreditariam e provavelmente diriam que o blockchain em si não é capaz de nada. No entanto, desenvolvedores de software, especialistas em segurança, grandes instituições financeiras, start-ups FinTechs e bancos já investiram muito, e começaram a investir e criar seus próprios protocolos. Intel, Microsoft, Cisco Systems, Dell e muitas outras grandes empresas de tecnologia de ponta já estão em todo o blockchain e seus pequenos meandros. Portanto, os dias estão contando, para chegarmos ao big bang da transformação, da tecnologia do futuro, ou melhor, da próxima internet!

CAPÍTULO 11 Extras?

"Pessimismo leva à fraqueza, otimismo ao poder."
William James

Outros livros do autor:

DINHEIRO NÃO CRESCE EM ÁRVORE

A pandemia COVID-19 interrompeu planos, mudou prioridades, embaralhou as redes existentes e nos tornou a todos conscientes do fato de que não podemos prever o futuro. Apesar do caos e da incerteza, os empreendedores estão trabalhando duro para tirar suas próprias ideias do laboratório e colocá-las no mundo real, enfrentaram os desafios impostos pelo novo vírus e estão indo corajosamente aonde outros temem. Transformando o mercado durante uma pandemia.

A maioria das startups falham. Mas muitas dessas falhas são evitáveis. O que eu aconselho no meu livro é uma nova abordagem que está sendo adotada em todo o mundo, mudando a forma como as empresas são construídas e novos produtos são lançados.

Wesley Costa define uma startup como uma organização dedicada a criar algo novo em condições de extrema incerteza. Isso é tão verdadeiro para uma pessoa em uma garagem ou um grupo de profissionais experientes em uma sala de reuniões da Fortune 500. O que eles têm em comum é a missão de penetrar nessa névoa de incertezas para descobrir um caminho de sucesso para um negócio sustentável.

A abordagem da startup enxuta estimula empresas que são mais eficientes em termos de capital e alavancam a criatividade humana de maneira mais eficaz. Inspirado por lições de manufatura enxuta, ele se baseia em "aprendizado validado", experimentação científica rápida, bem como uma série de práticas contra intuitivas que encurtam os ciclos de desenvolvimento de produtos, medem o progresso real sem recorrer a métricas vaidades. Ele permite que uma empresa mude de direção com agilidade, alterando planos centímetro a centímetro, minuto a minuto.

Em vez de perder tempo criando planos de negócios elaborados, a Startup Enxuta oferece aos empreendedores - em empresas de todos os tamanhos - uma maneira de testar sua visão continuamente, para se adaptar e ajustar antes que seja tarde demais. Ries oferece uma abordagem científica para criar e gerenciar startups de sucesso em uma época em que as empresas precisam inovar mais do que nunca.

Vivemos um momento difícil e único, frente à disseminação do vírus COVID-19 em todo o Mundo. Este Corona vírus está perturbando nossa maneira de viver, trabalhar, se comportar e aprender para sustentar nosso nível de desempenho no local de trabalho e no mercado. A disseminação mundial da pandemia COVID-19 teve um forte impacto na economia global e nos convoca a revisar nossos modelos de negócios.

A crise global da saúde desafia empreendedores, empresas e formuladores de políticas a desenvolver novas ideias inovadoras que apresentem maior resiliência e conduzam a um futuro mais digital, sustentável e inclusivo.

Este livro o ajudará a crescer tanto na vida quanto nos negócios para se tornar um empresário de sucesso e dará a você conhecimento básico sobre como ser empreendedor e compartilhará conselhos sobre o que acontece durante a jornada para o sucesso empresarial.

O empreendedorismo é um negócio estimulante, mas arriscado, mesmo nos melhores momentos. Os anos de 2020 e 2021 poderiam ser razoavelmente chamados de "os piores tempos" que o mundo suportou coletivamente na memória recente, e a reação da maioria das pessoas a esses momentos é evitar o risco. Mas os empreendedores são uma raça especial: indivíduos para os quais os desafios são estimulantes, em vez de induzirem o medo, que reagem à mudança girando em vez de fincar o pé, e que veem oportunidades onde outros veem obstáculos.

CONSTRUINDO UM LÍDER

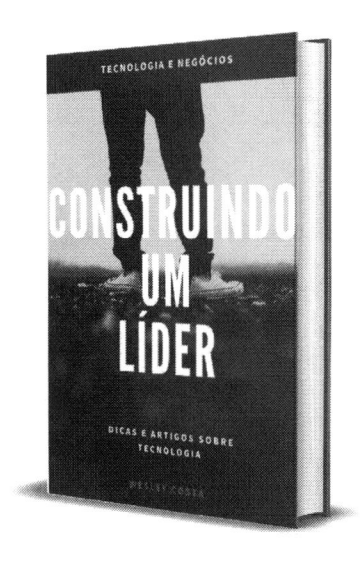

Quer ser um vencedor?
Quer ser um líder?
Quer ser bem-sucedido?

Se você respondeu sim a pelo menos uma dessas três perguntas, então o inglês é o idioma indicado para você. Mas você deve estar se perguntando o que o inglês tem a ver com SER UM VENCEDOR, SER UM LÍDER ou SER BEM-SUCEDIDO? Bom é simples, para o mundo dos negócios sempre use palavras difíceis para casos importantes.

A leitura deste livro dá a você um grande passo na direção ao sucesso. O roteiro que lhe apresento é justamente para você que quer vencer, ser um líder ou alguém bem-sucedido.

Após uma imersão na utilização do inglês no seu dia a dia, você saberá que as pessoas passarão a te notar e saber que você é especial. Não duvide disso, as pessoas adoram expressões em inglês, e com o tempo você estará pronto para passar para o próximo nível. Mostrando toda a sua sabedoria ao utilizar palavras em latim.

Não se espante, estou aqui para lhe guiar e fazer com que você obtenha sucesso acima de tudo e para isso você precisará na verdade apenas de três palavrinhas em latim, e um belo dia você se flagrará utilizando a expressão *Sine qua non* em meio ao seu grupo social.

Não tenha medo e na verdade não se preocupe em usar palavras em inglês, porque você não precisará saber exatamente o significado destas palavras, porém usar expressões em inglês no seu dia a dia, irá mostrar um grau de sabedoria frente aos colaboradores de sua empresa, e isso sem dúvida fará muita diferença, e você será notado.

ESPERANDO POR MIM

Uma história tão verdadeiramente possível que você até pode pensar que poderia ter acontecido com você.

Um vocalista de uma banda de rock, uma garçonete, uma tragédia e muito amor envolvido.

Os acontecimentos da vida os afastam e os unem em diferentes momentos, sem que eles consigam definir se são apenas amigos ou mais do que isso.

Os dois descobrem que juntos podem viver grandes momentos.

Ley Cooper foi o vocalista e principal compositor do bem-sucedido grupo de rock '6Hands'. Perto do final de sua turnê pelo Brasil, Ley vai jantar com um velho amigo e vários de seus amigos. A garçonete é atraente, muito eficiente, mostra ser uma boa pessoa e ótima profissional. Mesmo reconhecendo Ley, ela não o bajula. Ela intriga Ley e junto com sua gorjeta, ele a convida para seu quarto quando ela termina seu turno. Ele não a vê novamente depois daquela noite, embora ela inspire várias canções de sucesso... Uma tragédia atinge 6Hands e Ley se esconde por vários meses. E de repente, inesperadamente, ele vê Thai novamente. Thai pode resgatar Ley e curar sua ferida?

ESPERANDO POR MIM

Uma história tão verdadeiramente possível que você até pode pensar que poderia ter acontecido com você.

Um vocalista de uma banda de rock, uma garçonete, uma tragédia e muito amor envolvido.

Os acontecimentos da vida os afastam e os unem em diferentes momentos, sem que eles consigam definir se são apenas amigos ou mais do que isso.

Os dois descobrem que juntos podem viver grandes momentos.

Ley Cooper foi o vocalista e principal compositor do bem-sucedido grupo de rock '6Hands'. Perto do final de sua turnê pelo Brasil, Ley vai jantar com um velho amigo e vários de seus amigos. A garçonete é atraente, muito eficiente, mostra ser uma boa pessoa e ótima profissional. Mesmo reconhecendo Ley, ela não o bajula. Ela intriga Ley e junto com sua gorjeta, ele a convida para seu quarto quando ela termina seu turno. Ele não a vê novamente depois daquela noite, embora ela inspire várias canções de sucesso... Uma tragédia atinge 6Hands e Ley se esconde por vários meses. E de repente, inesperadamente, ele vê Thai novamente. Thai pode resgatar Ley e curar sua ferida?

Made in the USA
Columbia, SC
21 July 2023

ac748143-c753-4e8b-ad21-2e01a4dd15e9R01